Werner Jost

Dressurreiten im Gelände

Vom Bergaufgalopp bis zur Piaffe –
50 Lektionen auf der grünen Wiese

Inhalt

> Dressur in der Natur 4

>>>
Sicherheit im Gelände 6
> Sichere Ausritte 8
> Die passende Ausrüstung 9
> Der erste Ausritt 11
> Verhalten in der Natur 12

>>>
Grundlagen im Gelände 28
> Das Konzept 30
> Der Takt 34
> Die Form des Pferdes 36
> Der Sitz 38
> Der Rahmen des Pferdes 44
> Pferd und Reiter in Balance 47
> Die Bewegung 50
> Leichtigkeit 51

>>>
Pferde verstehen und beurteilen 16
> Pferdeverhalten 18
> Das Gebäude des Pferdes 25

>>>
Lektionen an der Hand 54
> 1 x 1 der Bodenarbeit 56
> Das lebendige Maul 60
> Genickmobilisation 60
> Stellung im Schritt 61
> Führen 62
> Rückwärtsrichten 64
> Schaukel und Stehenbleiben 66
> Übertretenlassen 66

› Schulterherein	67
› Schenkelweichen	68
› Travers	70
› Travers von der konkaven Seite	72
› Piaffe	74
› Spanischer Schritt	75
› Hinlegen im Gelände	77

Lektionen unter dem Sattel 78

› Lektionen reiten	80
› Stillstehen beim Aufsitzen	80
› Das leichte Genick	82
› Das lebendige Maul	82
› Stellen im Schritt	84
› An die Hilfen stellen durch Stellung und Biegung	85
› Nachgiebigkeit durch Schenkeldruck	86
› Gassenarbeit	88
› Zielreiten	90
› Takttraining auf gebogenen Linien	90
› Cavaletti (Bodenricks)	92
› Paraden	94
› Übergänge von einer Gangart in die andere	95
› Zügel aus der Hand kauen lassen	96

› Tempounterschiede innerhalb einer Gangart	98
› Rückwärtsrichten	100
› Volten und Achten	102
› Achten im Galopp und einfacher Galoppwechsel	102
› Seitengänge	104
› Schenkelweichen	104
› Viereck verkleinern und vergrößern	106
› Schulterherein	108
› Kruppe herein (Travers)	110
› Seitengänge auf dem Zirkel	112
› Kurzkehrt	114
› Kehrtvolte in Traversstellung	116
› Traversale	117
› Seitengänge am Hang	118
› Schrittpausen	119
› Die Schaukel	120
› Fliegender Galoppwechsel	121
› Scheuen und Desensibilisierung	124
› Spanischer Schritt	129
› Zirkuslektionen	130
› Klettern für die Kondition	132

Service 134

› Zum Weiterlesen	136
› Danksagung	137
› Nützliche Adressen	137
› Register	138
› Impressum	139

Dressur in der Natur

Welcher Reiter und Pferdefreund träumt nicht davon, in Harmonie und Leichtigkeit mit seinem Pferd in die Natur einzutauchen?

Der Genuss an der Schönheit und das herrliche Gefühl sich gemeinsam mit dem edlen Tier durch die Natur zu bewegen, stehen im Vordergrund: Ein ruhiger Galopp im leichten Sitz, das Pferd leicht am Bein und fein an der Hand, Mensch und Pferd als Einheit in Balance und Bewegung und ganz ohne Angst. Die Freude am Leben spüren, auftanken.

Mein Hof liegt am Rande des Schwarzwaldes, wo sanfte Hügel, weite Wälder und saftige Wiesen zum Ausreiten einladen. Ein Freund, der aufgrund einer Krankheit nicht in der Halle reiten durfte, brachte mich auf die Idee, dass man Pferde im Gelände genauso gut – wenn nicht gar besser – ausbilden kann.

Also begann ich vor einiger Zeit, Dressur und Ausritt zu kombinieren. Ich merkte schnell, wie begeistert die Pferde mitmachten. Sie ließen sich viel leichter motivieren! Durch ihren natürlichen Vorwärtsdrang kam der Schub aus der Hinterhand fast von allein, ohne dass ich viel treiben musste. Geländeunebenheiten machten sie trittsicherer und sie

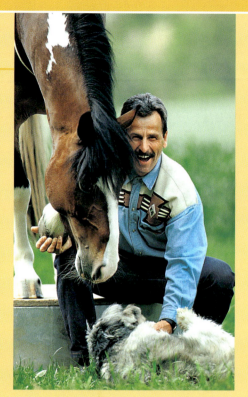

Freude und verständnisvoller Umgang zwischen Mensch und Tier sorgen für eine Vertrauensbasis, mit der sich beide wohlfühlen.

setzten ihre Beine gezielter. Außerdem wurden wir durch diese Arbeit ein besseres Team, da meine Pferde aufgrund der vielen Sinneseindrücke lernten, sich auf mich zu verlassen, und sich mehr an mir orientierten, sobald sie unsicher waren.

Nach dieser Erkenntnis begann ich gezielt mit meinen Pferden draußen zu arbeiten und probierte die verschiedenen Lektionen an unterschiedlichen Orten aus. So konnte ich zahlreiche Erfahrungen sammeln, wie man die Geländevorteile am besten nutzt, um das Pferd zu stellen, zu biegen und zu versammeln, mit welchen Übungen man den Galopp verbessert und wie man mit den Paraden am leichtesten durchkommt. Wo man Seitengänge reitet und wie der fliegende Galoppwechsel am besten gelingt.

Oftmals kam ich auf diesem Weg viel schneller zu meinem Ausbildungsziel, da es dem Pferd und auch mir viel mehr Freude bereitete.

In diesem Buch gebe ich meine Erfahrungen an alle Reiter weiter, die Leichtigkeit und Harmonie suchen. Ich beschreibe Schritt für Schritt, wie die einzelnen Übungen geritten werden, welches Ziel die jeweilige Lektion hat und wie Sie die Geländevorteile in Ihr Training einbinden können. So können Sie Ihr Pferd gezielt und mit viel Spaß gymnastizieren.

Die Dressurreiter unter Ihnen erhalten Anregungen, wie sie Abwechslung zu ihrem Hallentraining finden, ohne ihre reiterlichen Ziele aus den Augen zu verlieren. Außerdem wird sich das Pferd auf fremden Turnierplätzen viel mehr auf seinen Reiter konzentrieren, da es zahlreiche Sinneseindrücke bereits kennt und gelassen bleibt.

Freizeitreiter bekommen Ideen, wie sie ihre Ausritte abwechslungsreicher gestalten und mit welchen Übungen sie ihr Pferd noch besser gymnastizieren können. Dadurch steht es ganz leicht an den Hilfen und der Reiter kann in brenzligen Situationen gezielt und sicher reagieren.

Probieren Sie es einfach aus. Also rauf aufs Pferd und ab in die Natur! Sie werden Ihre „neuen" Ausritte genießen!

Viel Spaß wünscht Ihnen
Ihr Werner Jost

Gegenseitiger Respekt, Vertrauen und Leichtigkeit ermöglichen auch ohne Trense im offenen Gelände zu galoppieren.

Sicherheit im Gelände

> Sichere Ausritte 8
> Die passende Ausrüstung 9
> Der erste Ausritt 11
> Verhalten in der Natur 12

Sichere Ausritte

Sicherheit für Mensch und Pferd ist das A und O beim Reiten, und das gilt ganz besonders im Gelände. Man sollte das Pferd stets unter Kontrolle haben und Risiken vermeiden. Unverständlich ist mir, dass es immer wieder Menschen gibt, die besonders im Urlaub eine immense Risikobereitschaft an den Tag legen und Ausritte mitmachen, obwohl sie weder reiten noch sich auf dem Pferd ausbalancieren, noch eine kontrollierende Parade geben können.

Die vier verstehen sich. Das ist eine gute Grundlage für einen gelungenen Ausritt.

> ### INFO
>
> ### Sicherheit im Gelände
>
> - Kein Stress im Gelände; Gefahren und Kontrollverlust vermeiden.
> - Kluge Köpfe schützen sich. Tragen Sie immer einen Helm.
> - Ausbinder und Schlaufzügel sind im Gelände tabu.
> - Achten Sie auf eine intakte Ausrüstung für das Pferd.
> - Sattel, Trense und Gebiss müssen dem Pferd passen.
> - Steigbügel mit geöffneter Sturzfeder verhindern, dass der Reiter bei einem Sturz hinter dem Pferd hergezogen wird.
> - Stiefel mit Absatz tragen, damit der Fuß nicht durchrutscht und hängen bleibt.
> - Bei Gruppenausritten im Trab und Galopp muss jeder seine Position halten.
> - Keine Wettrennen, denn dann besteht die Gefahr, dass die Pferde durchgehen.
> - Bodenverhältnisse berücksichtigen, um ein Wegrutschen zu verhindern.

Die passende Ausrüstung

Alles, was der Reiter braucht

Nicht nur Pferd und Reiter sorgen für die Sicherheit, auch das nötige Equipment trägt dazu bei. Das heißt, dass der Reiter bei jedem Ritt einen gut sitzenden, TÜV-geprüften Reithelm mit Dreipunkt- oder Vierpunktsicherung tragen sollte. Fahrradhelme schützen den Kopf zwar auch, doch die Versicherungen zahlen nicht, wenn der Reiter mit einem Fahrradhelm vom Pferd fällt. Das Gleiche gilt übrigens auch, wenn man beim Reiten ganz auf einen Helm verzichtet. Ist der Helm beispielsweise durch einen Sturz beeinträchtigt, sollte er durch einen neuen ersetzt werden.

Reitstiefel oder Schuhe mit glatter Sohle und Absatz sorgen für Halt im Steigbügel und vermeiden ein Durchrutschen.

Reithosen oder Chaps geben dem Reiter Halt im Sattel und sind recht angenehm zu tragen, da sie keine Falten werfen oder Nähte an der Beininnenseite haben, die unangenehm drücken können.

Bei der Bodenarbeit sind Handschuhe Pflicht, denn sie ermöglichen sicheres Zugreifen und schützen die Hände. Ein durch die Hände gezogener Strick oder Zügel verursacht schmerzhafte Verbrennungen an den Handflächen. Doch nicht nur bei der Bodenarbeit, sondern auch beim Reiten sind Handschuhe durchaus empfehlenswert.

Seit einiger Zeit gibt es Protektionswesten. Das sind gepolsterte Westen, die Brust und Rücken stabilisieren und im Falle eines Sturzes die Wirbelsäule schützen. Vor ein paar Jahren sah man sie nur bei Vielseitigkeitsreitern, doch in letzter Zeit tragen sie immer mehr Freizeitreiter.

Pferd und Reiter sind gut ausgerüstet. Im Gelände sollten die Bandagen durch Gamaschen ersetzt werden.

Ausstattung des Pferdes

Der Sattel sollte gut auf dem Pferderücken liegen ohne zu drücken oder zu rutschen. Der Schwerpunkt des Reiters muss in der Mitte der Sitzfläche sein und die Größe der Sitzfläche dem Reiterpo entsprechen. Zum Sattel gehören Steigbügel, eventuell sogar Sicherheitssteigbügel, intakte Steigbügelriemen aus geschmeidigem Leder mit gut vernähten Schnallen, die mit einer Sturzfeder am Sattel befestigt sind. Am besten lässt man die Sturzfeder offen, damit sich der Steigbügelriemen bei einem Sturz löst und der Reiter nicht hinter dem Pferd hergezogen wird. Auch der Sattelgurt sollte sich in einem guten Zustand befinden, denn ein gerissener Gurt kann die Freude am Ausritt beträchtlich trüben.

Für die Trense und das Gebiss gilt das Gleiche wie für den Sattel. Die Trense sollte passen, aus weichem geschmeidigen Leder bestehen und gut verarbeitet sein, sodass nichts reißen kann. Das Gebiss sollte gut im Pferdemaul liegen.

Zum Schutz der Pferdebeine werden Gamaschen in allen Farben und Formen angeboten. Diese machen durchaus Sinn, um die Beine vor Tritten zu schützen und den Sehnen Halt zu geben, während Bandagen schnell zur Gefahr werden können, wenn sie im Gelände aufgehen.

Ein gemeinsamer Galopp ist wunderschön, solange alle Beteiligten ihre Positionen einhalten können.

Der erste Ausritt

Für jeden von uns gibt es den ersten Ausritt. Ein spannendes Erlebnis, das in positiver Erinnerung bleiben sollte. Das gilt auch für das Pferd. Es muss besonnen an seine Aufgabe herangeführt werden. Das funktioniert am besten mit einem erfahrenen Reiter und einem ausgeglichenen Führpferd. Nach einigen gemeinsamen Ausritten kann sich der Reiter mit dem jungen Pferd allein ins Gelände wagen.

Auch der Mensch sollte behutsam und vertrauensfördernd ans Geländereiten herangeführt werden. Bei gemeinsamen Ausritten ist der schwächste Reiter das schwächste Glied in der Kette, nach dem sich alle richten sollten, um ihn in Dauer und Schwierigkeitsgrad nicht zu überfordern.

Bei Gruppenausritten muss jeder Reiter seine Position beibehalten. Ist ein Reiter dabei, der Probleme hat, Position und Abstand zu halten, kann das zu einer Aufmischung der Gruppe führen. Die Pferde heizen sich gegenseitig auf, und es wird für die Reiter schwierig, sie wieder unter Kontrolle zu bringen. Ein Durchgehen der Pferde bringt die Gruppe und eventuell Entgegenkommende in Gefahr.

Eine Prämisse für sicheres Geländereiten ist auch, nach Belieben anhalten, stehen oder das Pferd am losen Zügel im Schritt schreiten lassen zu können.

Vermeiden Sie Dinge, die Ihnen Angst machen.

Sind Sie bereit?

Bitte bleiben Sie realistisch, wenn Sie entscheiden, ob der richtige Zeitpunkt gekommen ist, um mit Ihrem Pferd ins Gelände zu gehen. Ist Ihr Pferd dazu bereit oder ist es noch zu jung, zu unerfahren oder steht zu wenig an den Hilfen? Sind Sie bereit? Reiten Sie sicher genug und haben Sie Ihr Pferd im Griff? Trauen Sie sich oder lähmt Sie die Angst? Tun Sie nie etwas mit Ihrem Pferd, das Ihnen den Angstschweiß auf die Stirn treibt. Solche stressauslösenden Dinge sollten Sie nur mit der Hilfe eines erfahrenen Begleiters angehen. Angst muss nicht zwangsläufig negativ sein. Sie ist ein Schutzreflex, der uns zum analytischen Denken animiert. Sprechen Sie mit Ihrem Reitlehrer oder einer anderen Person darüber und überlegen Sie gemeinsam, wie Sie die Angst Schritt für Schritt abbauen können.

Verhalten in der Natur

Grundsätzlich sind wir heute in einer Situation, in der es gilt, das empfindliche System Natur zu erhalten und zu schützen. Schließlich bietet die Natur uns die Lebensgrundlage in Form von Luft, Wasser, Lebensmitteln und Rohstoffen.

Wir Reiter sollten klug genug sein, uns die Natur und die vorhandenen Reitmöglichkeiten zu erhalten und da, wo möglich, auch Verlorengegangenes durch freundliche, sachliche Argumentation zurückzuholen. Manches Reitverbot wurde nur aufgerichtet, weil Reiter für Ärger sorgten. Wäre es nicht ein guter Gedankenansatz, dass wir Reiter nicht nur Freunde der Natur, sondern auch der Menschen werden, die sich der Natur verbunden fühlen?

Bestimmt würde mancher Förster, Landwirt, Waldbesitzer, Jäger, Wanderer, Fahrradfahrer, Jogger oder Hundefreund Reitern gegenüber wohlgesonnener sein, wenn sie sich vorausschauend und vernünftig verhielten.

Ein paar Gesetze

Bevor Sie sich in den Sattel schwingen und sich auf den Weg ins Gelände machen, sollten Sie sich informieren, wo Sie reiten dürfen. Unser Land ist inzwischen so dicht bevölkert und es gibt so viele Interessen an und in der Natur, dass viele

Nicht nur Reiter genießen die Natur. Daher sollte man sich stets rücksichtsvoll verhalten.

Dinge bereits gesetzlich geregelt wurden, um Streitigkeiten zu verhindern. Jedes Bundesland hat seine eigenen Bestimmungen, in denen festgelegt ist, wie man sich in Wald und Flur verhalten muss.

Das Bundeswaldgesetz gibt den Rahmen, den die Bundesländer entsprechend ausfüllen dürfen. Doch nicht nur das Waldgesetz beeinflusst den Reiter. Auch Feld- und Flurverordnungen sowie das Naturschutzgesetz regeln das Reiten in freier Natur. Leider sind die Bestimmungen von Bundesland zu Bundesland sehr unterschiedlich, sodass wir kaum eine allgemein gültige Aussage treffen können. Meist ist das Reiten nur auf Wegen erlaubt, die von Fahrzeugen befahren werden können. Einspurige Wege sowie reine Wander- oder Fahrradwege, forstliche Rückewege und selbstverständlich Wege mit Reitverbot sind für Reiter tabu. Zudem befinden sich die

Gesetze im ständigen Wandel. Daher empfehlen wir Ihnen, sich über die Bestimmungen Ihres Bundeslandes zu informieren. Einige Bundesländer haben bereits Broschüren herausgegeben, in denen die Bestimmungen für Reiter aufgeführt werden. Sehr schön zusammengefasst, finden Sie die wesentlichen Bestimmungen auf der Homepage der Deutschen Reiterlichen Vereinigung (FN) (www.fn-dokr.de). Hier wird auch angegeben, für welches Bundesland Reitplaketten benötigt werden, was diese kosten und wo Sie sie erhalten.

Verhalten im Straßenverkehr

Nicht jeder reitet schnell vom Hof und befindet sich mitten im Gelände. Manchmal muss man Straßen überqueren oder ein Stück an ihnen entlangreiten. Auch hierfür gelten Regeln, die in der Straßenverkehrsordnung niedergeschrieben sind.

Wir wollen Sie nicht mit ellenlangen Gesetzestexten langweilen, jedoch kurz die wesentlichen Punkte aufführen:

1. Führen oder reiten Sie Ihr Pferd ganz rechts auf der Fahrbahn.
2. Fußgänger- und Fahrradwege sind für Reiter tabu.
3. Bei Dämmerung und Dunkelheit müssen Pferd und Reiter ausreichend beleuchtet sein.

Vorgeschrieben ist eine nicht blendende, nach vorn und hinten gut sichtbare Leuchte mit weißem Licht. Stiefelleuchten, die am linken Bein getragen werden, haben sich in der Praxis bewährt. Zusätzliche Leuchtgamaschen und reflektierende Kleidung sind zu empfehlen.

Wiesen und Wälder

Welcher Reiter träumt nicht davon, über endlose Wiesen und Felder zu galoppieren? Doch leider sind wir nicht in Montana, sondern im dicht bevölkerten Deutschland. Wiesen, Felder und Wälder werden genutzt und haben Eigentümer. Bevor Sie hoch motiviert beginnen, Ihre Lektionen auf Nachbars Wiese zu trainieren, sollten Sie vorher mit dem Eigentümer sprechen, ob Sie im Herbst sein Stoppelfeld benutzen dürfen und ob er Ihnen erlaubt, auf seiner Wiese zu reiten. Vielleicht können Sie ein Wiesenstück pachten, auf dem Sie bei trockenem Wetter üben dürfen.

Durchparieren und Abstand halten: So fühlen sich auch Fahrradfahrer und Fußgänger sicher.

Der Knigge für Geländereiter

Wenn man auf „grünen", also unbefestigten Wegen reiten darf, versteht es sich von selbst, dass man als rücksichtsvoller Reiter nach starken Regenfällen bei aufgeweichten Bodenverhältnissen einen anderen, befestigten Weg wählt und nicht quer durch die Landschaft „pflügt". Reiter, die ohne Rücksicht auf Verluste Wege und am Ende gar Felder zertrampeln, schädigen den Ruf der Reiter und sorgen für Ärger bei Landwirten, Jägern und Spaziergängern, die ebenfalls ein Recht haben, die Landschaft zu nutzen. Wenn Sie Spaziergänger oder Radfahrer passieren, parieren Sie bitte zum Schritt durch, reiten langsam und mit ausreichendem Abstand an ihnen vorbei und grüßen Sie freundlich. Denken Sie daran, dass nicht jeder Mensch ein Pferdefreak ist und manch einer Angst vor den großen Tieren hat.

Vorsicht, Jäger!

Im Herbst und im Winter ist die Hauptjagdzeit. In der Morgen- und Abenddämmerung ist nun so mancher Hochsitz besetzt, und die meisten Jäger sind nicht gerade entzückt, wenn man bei Dämmerung laut grüßend unter ihrem Hochsitz entlangtrabt und ihr Jagdglück zunichte macht. Nehmen Sie Rücksicht auf den Jägersmann, bleiben Sie auf den Hauptwegen und meiden Sie bei Dämmerung Waldränder und abgelegene Wiesen.

Ein freundliches Gespräch zwischen Reiter und Jagdpächter bricht oft das Eis, und Sie erfahren vielleicht auch, wann eine Treibjagd ansteht, damit Sie an diesem Tag das Gebiet meiden können.

Kommunikation sorgt für Verständnis und lässt erst gar keine Vorurteile aufkommen.

> **INFO**

Die zwölf Gebote für Geländereiter

1. Verschaffen Sie Ihrem Pferd täglich ausreichend Bewegung unter dem Sattel und möglichst auch auf der Weide oder im Paddock.
2. Gewöhnen Sie Ihr Pferd behutsam an den Straßenverkehr und das Gelände.
3. Vereinbaren Sie möglichst Ausritte mit Freunden – in der Gruppe macht es mehr Spaß und ist sicherer, wenn sich jeder diszipliniert verhält.
4. Sorgen Sie für ausreichenden Versicherungsschutz für Sie und Ihr Pferd, verzichten Sie beim Ausritt nie auf einen bruch- und splittersicheren Reithelm mit Drei- bzw. Vierpunktsicherung.
5. Kontrollieren Sie täglich den verkehrssicheren Zustand von Zaumzeug und Sattel.
6. Informieren Sie sich über die gesetzlichen Regelungen für das Reiten in Feld und Wald in Ihrer Region.
7. Reiten Sie nur auf Wegen und Straßen, niemals querbeet, und meiden Sie ausgewiesene Fuß-, Wander- und Radwege sowie Grabenböschungen und Biotope.
8. Verzichten Sie auf einen Ausritt oder nehmen Sie Umwege in Kauf, wenn Wege durch anhaltende Regenfälle weich geworden sind, und passen Sie Ihr Tempo dem Gelände an.
9. Begegnen Sie Fußgängern, Radfahrern, Reitern, Gespannfahrern und Kraftfahrzeugen immer nur im Schritt und seien Sie freundlich und hilfsbereit zu allen.
10. Melden Sie unaufgefordert Schäden, die mal entstehen können, und regeln Sie entsprechenden Schadensersatz.
11. Sprechen Sie mit Reit- und Fahrkollegen, die gegen diese Regeln verstoßen.
12. Sie sind Gast in der Natur, und Ihr Pferd bereichert die Landschaft, wenn Sie sich korrekt verhalten.

Pferde verstehen und beurteilen

> **Pferdeverhalten** 18
> **Das Gebäude des Pferdes** 25

Pferdeverhalten

Wenn man sich näher mit Pferden auseinander setzt, ist es hilfreich, ihr Verhalten zu erkennen und zu verstehen, um möglichst pferdegerecht auf sie eingehen zu können.

Im Gegensatz zum Menschen gehören Pferde zu den Beutetieren. Sie sind Steppenbewohner, Grasfresser, leben in Herden und somit in Sozialverbänden zusammen. Auch wenn Pferde schon seit vielen Jahrhunderten domestiziert sind, in Menschenobhut leben und als Arbeitstiere eingesetzt werden, so ist das ursprüngliche Verhalten als Fluchttier und Steppenbewohner noch tief in den Genen verwurzelt.

Bei Pferden als potenzielle Beute ist Wachsamkeit gefragt und Vorsicht geboten, um nicht als Futter hungriger Jäger zu enden. Eine schnelle Flucht ist angebracht, um überleben zu können. Dementsprechend sind die Körper der Pferde auch ausgerüstet: Die Augen liegen seitlich am Kopf und ermöglichen einen großen Rundumblick. Sie sind auf Bewegungssehen spezialisiert und können noch bei Dämmerung viel deutlicher sehen als das menschliche Auge. Die Ohren sind trichterförmig, sehr beweglich und nehmen die kleinsten Geräusche wahr. Auch der Geruchssinn ist ausgeprägt, sodass besondere Gerüche schnell durch die großen Nüstern aufgenommen werden können.

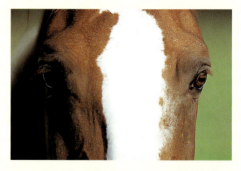

Ohren, Augen, Nüstern: Beim Fluchttier Pferd ist alles auf schnelle Gefahrenerkennung ausgerichtet.

Erscheint etwas bedrohlich, ist der erste Weg die Flucht, um das eigene Überleben zu sichern. Auch wenn in unseren Breiten weder Wölfe noch Säbelzahntiger vorkommen, ist der Fluchtinstinkt vorhanden. Alles Enge und Dichte, das das Pferd nicht überschauen kann, und alles Unbekannte, das sich bewegt, macht dem Pferd Angst und löst den Trieb aus, das Weite zu suchen.

Wenn Sie im Wald beispielsweise auf einen Holzstoß mit flatternder Plane treffen und Ihr Pferd nicht daran vorbeigehen möchte, dann tut es das nicht, um Sie zu ärgern, sondern um der möglichen Gefahr aus dem Weg zu gehen, die dahinter lauern könnte.

Herdenverhalten

Pferde sind soziale Tiere und leben in Herden zusammen.

Die Herde hat den Vorteil, dass das Individuum innerhalb der Gruppe sicherer ist. Gefahren werden schneller erkannt, das Leittier führt die Gruppe zu den wichtigen Nahrungsressourcen und der Fortpflanzungspartner ist ganz in der Nähe. Sind die Nahrungsressourcen knapp, kann sich die Herde auch zum Nachteil herausstellen, da der Futterkonkurrent gleich nebenan grast.

Meist besteht die Herde aus einem Hengst, einigen Stuten sowie deren Nachkommen.

Die Herdenstruktur wird durch eine Rangordnung innerhalb der Gruppe geregelt. Das intelligenteste, erfahrenste, wachsamste und selbstbewussteste Pferd bekommt die Leitfunktion innerhalb der Herde. Die anderen stehen im Rang und Status darunter, doch das ist

Die Herde bietet dem Individuum Sicherheit.

für den Pflanzenfresser Pferd völlig in Ordnung. Selbst der in der Hierarchie ganz unten Stehende fühlt sich in der Gruppe wohl. Auch wenn er immer weichen muss und als Letzter Zugang zu den Ressourcen hat, genießt er den Schutz der Gruppe. Pferde nehmen gern in Kauf, dass das Leittier eindeutig die Richtung, die Geschwindigkeit und den Ort des Aufenthaltes vorgibt. Das Pferd verbindet mit dieser autoritären Eindeutigkeit nie Negatives, ganz im Gegenteil: Sie gibt ihm den Rahmen des Wohlbefindens und der Sicherheit vor.

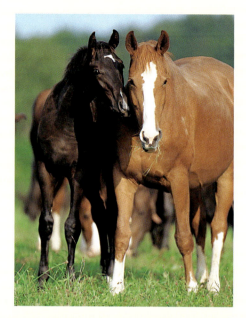

Bewegungen innerhalb der Gruppe sind mit einem Schachspiel vergleichbar, das gewissen Gesetzen unterliegt. Das Leittier ist der „König", und der „Läufer" ist oft der Vertraute des Leittieres, der die „privilegierte" Aufgabe hat, die Positionen innerhalb der Herde zu regeln. Grundsätzlich ist es so, dass ein rangniederes Pferd immer vor dem nächsthöheren weicht, die Ressourcen wie Futter, Wasser, ein schattiges Plätzchen etc. sind dem Ranghöheren vorbehalten, sofern er sie beansprucht. Ein Pferd, das oftmals außerhalb der Herde steht, hat meistens Integrationsprobleme.

Gespräche unter Pferden

Die Kommunikation innerhalb der Herde findet nonverbal statt, denn Pferde unterhalten sich über Körpersprache und nur selten durch Laute.

Schon kleine Gesten reichen: Einen Schritt auf den anderen zu, eine hochgezogene Nüster, ein angelegtes Ohr oder Schweifschlagen genügen oftmals völlig, um dem Gegenüber zu verdeutlichen, dass er Platz machen soll. Weicht der andere und reagiert wie gewünscht, werden die Reize eingestellt und es herrscht wieder Ruhe.

Diese Reize oder Signale erlauben eine Verständigung mit geringstem Aufwand, ohne dass energieraubende Kämpfe nötig sind.

Pferde kommunizieren durch Körpersprache.

Wie sich das Leittier verhält, konnte ich durch zahlreiche Beobachtungen lernen. In einer Pferdeherde von ca. 5–12 Tieren, die sich alle kennen, lässt sich das Verhalten sehr gut verfolgen. Die

> **INFO**

Ritualisierte Pferdesprache

Dominanz/Drohen
> unterschreiten der Individualdistanz
> anlegen der Ohren, hochgezogene Nüstern, Schweifschlagen
> treiben
> schnappen
> umdrehen und Bein heben

Demutsgesten
> leicht abgeknickte oder nach hinten gelegte Ohren
> gesenkter Kopf, leicht eingeknickte Vorderbeine
> kauen mit leerem Maul bzw. lecken
> gähnen
> weichen

Wie sich meine Wildpferde verhielten

Besonders spannend zu beobachten waren drei mongolischen Wildpferde, die ich für einige Wochen zur Ausbildung hatte. In den ersten Monaten gaben sie keinen Mucks von sich. Sie bemühten sich, sich so leise und unauffällig wie Rehe zu bewegen. Man hörte kein Schnauben, kein Scharren und kein Wiehern. Erst nach einiger Zeit ließen sie sich von ihren domestizierten Stallkumpanen anstecken und brummelten ganz leise eine Begrüßung. Laut wiehernd am Weidezaun stehen sah ich sie allerdings nie. Dazu waren sie zu vorsichtig.

Umgang mit Pferden

Die Art der Pferde und ihre Reaktionen verstehen wir immer besser, wenn wir Verhalten analysieren können und dabei entdecken, dass es ohne Einwirkung des Menschen trieb- und instinktgesteuert lebt und reagiert. An erster Stelle steht der Überlebenstrieb. Mit eingebunden sind Fresstrieb, Herden- oder Sozialtrieb, Bewegungstrieb, Schlaftrieb, Sexualtrieb, Pflegetrieb sowie Erkundungstrieb.

Wollen wir die Pferde so artgerecht wie möglich halten, sollten die Tiere ihre ursprünglichen Triebe und Instinkte (außer den Sexualtrieb) ausleben können. Das heißt, dass sie täglich Bewegung, Futter und Wasser brauchen und Sozialkontakte zu ihren Artgenossen pflegen dürfen.

Die meisten Pferde leben in Menschenobhut. Sie sind darauf angewiesen, dass ihr Mensch sich gut um sie kümmert, und leben in völliger Abhängigkeit von ihm. Sie verdienen, dass sie fair und pferdegerecht behandelt werden und nicht der Willkür schlechter Launen oder dem Desinteresse ausgeliefert sind. Wir haben uns dazu entschlossen, Pferde zu halten, und uns dadurch verpflichtet, für ihr Wohl zu sorgen.

Da wir über ihre Ressourcen bestimmen, ihnen Futter und Wasser geben, ihre Ställe sauber halten, über die Zeiten des Koppelgangs und somit auch über den Sozialkontakt zu Weidekumpeln verfügen (sofern sie nicht im Offenstall oder auf der Weide leben), stellen wir für das Pferd sozusagen das menschliche Leittier dar. Das heißt, dass wir uns auch in unseren Umgangsformen für das Pferd souverän, eindeutig, klar verständlich und „pferdegemäß" ausdrücken müssen, damit es uns vertrauensvoll folgen kann. Alles, was wir machen, erfordert Ruhe und Besonnenheit. Hektisches Fuchteln und Schreien gibt es bei Pferden nicht und verunsichert das Tier nur.

Ähnlich wie in einer Pferdeherde benötigt das Pferd kurze, klare Signale. Wenn es alles wie gewünscht ausgeführt hat, wird es gelobt und die Signale werden eingestellt. Solche Situationen sind für das Pferd nachvollziehbar und verständlich.

Es wird beim Reiten oder Führen immer mal wieder Situationen geben, in denen das Pferd Angst hat. Als souveränes Leittier geben Sie ihm Zeit, das Objekt zu betrachten. Wenn Sie vorgehen und zeigen, dass keine Gefahr droht, lernt das Pferd im Laufe der Zeit, dass es Ihnen vertrauen kann. Das Gleiche gilt für unsere Hilfen vom Sattel aus. Es lernt immer mehr kennen, gewinnt Vertrauen und Selbstvertrauen, und die „Schrecknisse" verlieren ihren Schrecken.

Rangordnung zwischen Mensch und Pferd

Allerdings bedeutet Ihre „Leittierfunktion" auch, dass das Pferd nicht auf Ihrer Nase herumtanzen darf. Stimmt das Verhältnis zwischen Ihnen, können Sie das Pferd beliebig und ohne Aufwand in eine Richtung schicken oder an einem gewis-

Wenn die Verhältnisse geklärt sind, führt der Mensch, und das Pferd läuft brav nebenher.

Körperpflege ist auch Beziehungspflege.

sen Punkt stehen lassen. Wollen Sie beispielsweise aufsteigen, doch das Pferd will nicht still stehen, sollten Sie zuerst die Situation überdenken. Fangen Sie bei sich an: Wird das Pferd durch etwas gestört? Ist zu viel Zug auf der linken Seite, weil Sie ohne Aufstiegshilfe aufsteigen? Pikst ihm der Stiefel in die Seite? Oder setzen Sie sich nicht weich genug in den Sattel? Lässt sich alles ausschließen, sollten Sie Ihr Pferd durch Zügel, Gerte und Körperposition weichen lassen. Nach vorn, zur Seite, nach hinten. Ihr Pferd wird froh sein, wenn die Reize ausbleiben und es stehen bleiben darf.

Mit der Erziehungsmethode: „Bist du lieb, dann bin ich auch lieb", können Pferde ganz gut umgehen, wenn die Korrekturmaßnahme angemessen und „verständlich" ist. Beim Beobachten der Pferdeherde werden Sie feststellen, dass es hin und wieder „Diskussionen" gibt, die ganz

schön heftig sein können, doch normalerweise sind sie kurz und unmissverständlich. Danach kehrt wieder Ruhe ein.

Kommt Ihr Pferd Ihnen ständig zu nahe, unterschreitet häufig Ihre Individualdistanz, versucht seinen Kopf durchzusetzen? Bleibt es beim Putzen nicht stehen oder versucht beim Führen die Richtung vorzugeben, sollten Sie die Situation überdenken. Es scheint Sie nicht mehr als Leittier anzusehen, und das kann für Sie und Ihre Umwelt gefährlich werden.

Gegenseitiger Respekt ermöglicht ein vertrauensvolles Miteinander.

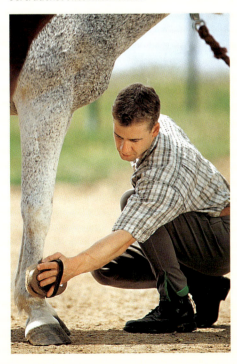

> **INFO**

Leittier Mensch

In der Leitposition wird der Mensch umso eindeutiger und souveräner, je sparsamer er mit dem Pferd kommunizieren kann. Das ist beim Umgang und beim Reiten dasselbe. Geben Sie so wenig Hilfen wie möglich und so viel wie nötig. Unnötige Hilfengebung und Kommunikation stumpfen das Pferd nur ab und untergraben unsere Leitposition. Hektik, Schreien, Aggressionen und Herumfuchteln verunsichern das Pferd. Ruhe, Übersicht und Entschlossenheit wirken sich positiv auf das Verhalten des Pferdes aus.

Die innere Einstellung

Pferde reagieren sehr sensibel auf Stimmungen. Kommt man mit einer ruhigen, fröhlichen Grundstimmung in den Stall, überträgt sich diese auf das Pferd. Hierzu möchte ich Ihnen ein Beispiel nennen. Während eines Ferienreitkurses hatte ich ein Mädchen auf dem Hof, die sich während der drei Wochen um Mr. Bean, ein fröhliches und motiviertes Pferd, kümmern sollte. Im Laufe der Zeit wurde Mr. Bean immer schwermütiger und lustloser. Er war kaum noch zu motivieren und schien keine Freude mehr zu haben.

Nach einiger Zeit stellte sich heraus, dass das Mädchen von ihren Eltern überredet wurde, an dem Reitkurs teilzunehmen. Sie hatte Heimweh, keine Lust und wäre viel lieber bei ihren Freunden in der Stadt geblieben. Ich übergab Mr. Bean einem anderen Mädchen, und schon nach wenigen Tagen war er wieder ganz der alte, fröhliche Kerl. Mit diesem Beispiel will ich verdeutlichen, dass Reiten nicht nur etwas mit Können zu tun hat, sondern dass viel über die innere Einstellung abläuft. Ihr Pferd spiegelt sozusagen Ihre Gefühle und Ihre Einstellung wider. Denken Sie daran, wenn Sie in den Stall fahren. Bei schlechter Laune sollten Sie sich anderweitig abreagieren, bevor Sie sich Ihrem Pferd zuwenden.

Die positive Stimmung des Reiters überträgt sich.

Das Gebäude des Pferdes

Betrachten wir das Skelett und die Muskulatur des Pferdes und vergleichen sie mit dem Menschen, stellen wir fest, dass es große Ähnlichkeiten gibt. Der wesentliche Unterschied ist, dass sich der Mensch vertikal mit aufgerichteter Wirbelsäule bewegt, das Pferd hingegen horizontal. So gesehen ist der Mensch viel eher zum Lastentragen geschaffen als das Pferd. Die Vorder- und Hinterbeine des Pferdes bilden nämlich eine Art Säulen, zwischen denen die Mittelhand, also auch der Rücken, wie eine Brücke hängt. Die Wirbelsäule des Pferdes besteht aus einzelnen Wirbelkörpern, die wie eine Perlenkette nebeneinander aufgereiht sind. Kommt das Reitergewicht auf den untrainierten Pferderücken, wird die Kette der Wirbelkörper in der Mitte nach unten gedrückt. Die Wirbelkörper verkanten sich, die Dornfortsätze können sich berühren, was auf Dauer zu Verspannungen und Verschleißerscheinungen führen kann.

Der Araber steht auf der Vorhand, Rücken und Hinterhand könnten bemuskelter sein.

Harmonischer, korrekt gebauter Haflinger mit rassetypischer Sattellage.

Das Pferd muss also so trainiert werden, dass sich sein Rücken aufwölbt. Die Rückenmuskulatur kommt nun, unterstützt durch die Bauchmuskulatur, zum Tragen und entlastet die Wirbelsäule. Je mehr das Pferd die Hinterhand unter den Schwerpunkt schiebt (sich versammelt), umso mehr Last kann es aufnehmen. Eine tragfähige Rückenmuskulatur und eine starke Hinterhand entwickeln sich jedoch nicht von allein. Das ist ein Prozess sorgfältigen Trainings.

Betrachtet man die anatomische Seite des Reitens, begreift man auch, warum selbst Freizeitreiter ohne jeglichen Ehrgeiz oder Turnierambitionen ihr Pferd gymnastizieren sollten.

Auswirkungen auf Tragfähigkeit und Bewegungsqualität

Beim Betrachten des Pferdes erlaubt sich der Mensch, das Gebäude zu beurteilen und damit auch zu qualifizieren. Sicher ist uns allen aufgefallen, dass sich Pferde nicht nur in Farbe, Typ, Temperament, Kaliber und Größe unterscheiden, sondern unterschiedlich gebaut sind.

Das Gebäude des Pferdes entscheidet über Tragfähigkeit, Balance und Bewegungsqualität. Die Art und Weise, wie ein Pferd konstruiert ist, kann sich vorteilhaft oder beeinträchtigend beim Reiten auswirken. Die Lage der Schulter (Schräge und Länge), die Stellung und Winkelung der Vorder- und Hinterbeine, der Halsansatz, die Ganaschenfreiheit, die Form und Leichtigkeit des Halses, die Größe und die Verbindung des Kopfes zum Hals, Oberlinie, Widerrist und Kruppe, die Sattellage sowie das Verhältnis von Größe und Länge des Pferdes zueinander spielen eine Rolle.

Dabei besteht der Unterschied nicht nur von Individuum zu Individuum, sondern ist zum Teil auch schon durch die jeweilige Rasse vorgegeben.

Mongole mit guter Hinterhand, etwas langer Mittelhand, guter Sattellage und Hirschhals.

Warmblut mit korrektem Fundament, doch etwas tiefem Halsansatz.

Einem quadratischen Pferd mit hohem Halsansatz, ausreichender Ganaschenfreiheit, langer schräger Schulter, geschwungener Oberlinie, bei der Widerrist und Kruppe auf einer Höhe liegen, und Beinen mit korrekter Winkelung fällt es viel leichter, den reiterlichen Anforderungen gerecht zu werden, da es die natürlichen Voraussetzungen für Aufrichtung, Bewegung und Harmonie bereits mitbringt.

Das perfekte Pferd

Wenn Ihr Pferd nicht optimal gebaut ist, macht es nichts, denn das perfekte Pferd gibt es trotz aller züchterischer Bemühungen nicht. Jedes Pferd hat seine kleinen Schwächen, die es auszugleichen gilt. Und darin liegt die große Herausforderung: aus nicht ganz perfekten Bedingungen das Beste zu machen. Durch Gymnastizieren helfen wir dem Pferd, die natürliche Schiefe auszugleichen, mehr Last aufzunehmen und sich selbst besser zu tragen. Sicherlich wird ein Pferd mit tiefem Halsansatz, steiler Schulter und überbauter Kruppe niemals die Bergaufbewegungen eines entsprechend gebauten, gut gerittenen Pferdes erreichen, doch Sie helfen ihm, die Last von der Vorhand zu nehmen, den Rücken und die Hinterhand zu stabilisieren. Damit verbessern Sie nicht nur seine Bewegungen, sondern fördern seine Gesundheit. Denn durch die Gewichtsverlagerung von der Vorhand auf die Hinterhand schonen Sie die Sehnen und Gelenke der Vorderbeine, und die aufgebaute Rücken-, Bauch- und Hinterhandmuskulatur entlastet die Wirbelsäule und verhindert, dass es zu Verschleißerscheinungen und Verspannungen kommt. Es ist mit einem Menschen mit Rückenproblemen vergleichbar. Macht er Sport und trainiert die entsprechenden Muskelpartien, nimmt er die Last von der Wirbelsäule und bleibt fit. Allerdings erfordert das Training viel Geduld, Ausdauer und Konsequenz.

Kleine Gebäudemängel kann der Reiter durch korrektes Reiten kompensieren.

Bei der Piaffe wölbt das Pferd den Rücken auf und verlagert das Gewicht auf die Hinterhand.

Grundlagen im Gelände

> Das Konzept 30
> Der Takt 34
> Die Form des Pferdes 36
> Der Sitz 38
> Der Rahmen des Pferdes 44
> Pferd und Reiter in Balance 47
> Die Bewegung 50
> Leichtigkeit 51

Das Konzept

Bisher haben Sie schon einiges über Sicherheit beim Reiten, über das Verhalten des Pferdes und über dessen Anatomie erfahren. Doch bevor wir mit den einzelnen Lektionen loslegen, gibt es noch einiges über die Grundlagen des Reitens zu sagen. Da Reiten ein relativ anspruchsvolles Hobby ist, bei dem zahlreiche Faktoren Einfluss nehmen und zwei Individuen aufeinander abgestimmt werden müssen, ist es sinnvoll, sich vorab ein paar Gedanken zu machen, was man trainieren und wie man es ausführen möchte. Sicherlich können Sie auch einfach ins Gelände reiten, um Natur und Freiheit zu genießen. Doch wenn Sie Ihr Pferd so reiten wollen, dass es an Ihren Hilfen steht, den Rücken aufwölbt, Last aufnimmt und sich auf beiden Händen gleichermaßen reiten lässt, erfordert das viel Training, das sinnvoll aufgebaut werden sollte. Und dazu benötigen Sie ein Trainingskonzept. Es ist mit der Musik zu vergleichen: Wenn Sie nur „Hänschen klein" spielen wollen, brauchen Sie kein Konzept. Doch dafür ist eigentlich das Instrument zu schade, und Sie werden schnell zur Zumutung für Ihre Zuhörer. Um harmonisch zu musizieren, brauchen Sie ein Konzept und allerhand Übung.

Der passende Reitstil

Zu Beginn muss man sich auf einen bestimmten Reitstil festlegen. Liegt Ihnen die klassische Dressur oder das Westernreiten oder möchten Sie lieber springen?

Wofür schlägt Ihr Herz: für die Dressur?

... oder wollen Sie lieber springen?

Wenn Sie noch nicht sicher sind, können Sie ein paar Schnupperstunden in den unterschiedlichen Stilrichtungen Western und Englisch nehmen. Doch wenn Sie sich festgelegt haben und ein eigenes Pferd besitzen, sollten Sie bei einer Stilrichtung bleiben, denn ein ständiger Wechsel würde Ihr Pferd nur verwirren.

Die Wahl des Trainers

Nicht nur in puncto Reitweise sollte man zielorientiert vorgehen, sondern auch bei der Wahl des Trainers. Trainiert man heute bei diesem Trainer und morgen bei jenem Guru, kann das bei Pferd und Reiter Verwirrung stiften. Sicherlich heißt das nicht, dass man für den Rest seines Lebens nur bei einem Reitlehrer bleiben darf. Man kann sich ruhig auch für andere Trainer und Vorgehensweisen interessieren und das Beste für sich und sein Pferd herausziehen. Allerdings ist es wichtig, dass das Gesamtkonzept schlüssig bleibt und man weiterhin das Ziel, das man erreichen möchte, vor Augen behält.

Ein bisschen Dressur

Wie auch immer Ihr persönliches Konzept gestrickt sein mag – als guter Geländereiter kommen Sie nicht umhin, sich über die Bausteine der Gymnastizierung (Dressur) Gedanken zu machen. Grundlage für eine Gymnastizierung des Pferdes im Gelände sind folgende zwei Punkte:

1. Die Verhältnisse sind für Mensch und Pferd geklärt. Das heißt, der Mensch kann das Pferd beim Führen nach Belieben und ohne Krafteinsatz vorwärts, rückwärts und seitwärts positionieren. Selbstverständlich kann er auch die Führposition vor und neben dem Pferd bestimmen und das Pferd beliebig lange ruhig stehen lassen.
2. Sitz und Einwirkung des Reiters sind für das Pferd eindeutig verständlich und behindern es nicht in seiner Bewegungsentfaltung.

Geklärte Verhältnisse und korrekter Sitz bzw. richtige Einwirkung des Reiters bilden das Fundament, auf das die Bausteine Losgelassenheit, Takt, Balance, Nachgiebigkeit Anlehnung, Schwung, Biegung/Geraderichten, Versammlung/ Durchlässigkeit gesetzt werden können.

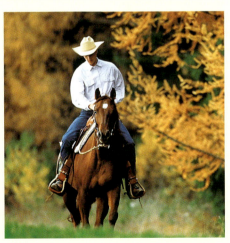

... oder zählen Sie sich zu den Westernreitern?

Schritt für Schritt zum harmonischen Team

Reiten ist wie ein Puzzle, bei dem sich nach und nach Puzzleteil für Puzzleteil zusammenfügt.

Das Schöne am Puzzlespiel ist, dass Sie selbst entscheiden können, ob Sie ein Bild mit 600 oder mit 2.400 Teilen legen möchten. Das Niveau orientiert sich an Ihren Ansprüchen und Möglichkeiten. Unabhängig vom Schwierigkeitsgrad ist es jedoch notwendig, eine Bildvorlage zu haben, damit Sie wissen, was am Ende herauskommen beziehungsweise wie das Gesamtbild aussehen soll. Nur wer das Ziel kennt, kann sich für den richtigen Weg entscheiden.

Glücklich können Sie sich schätzen, wenn Sie einen Trainer haben, der Ihnen hilft, einen Rahmen für Ihr Bild zu basteln, in den Sie dann Ihre Puzzleteilchen einsetzen können. Die Struktur des Bildes sollte so beschaffen sein, dass jedes Teilchen, das dazukommt, ein Gewinn für Reiter und Pferd ist. Ein einseitiger Gewinn geht immer zu Lasten des anderen. Anders ausgedrückt: Jedes Teilchen soll für mehr Harmonie, Verständnis und Leichtigkeit sorgen, zunächst bei den Grundlagen, später in schwierigeren Lektionen.

Wir müssen uns immer im Klaren darüber sein, dass das Pferd unser Puzzlebild nicht vor Augen hat. Es kennt weder unser Gesamtziel noch die Zielvorgabe für unser Tagestraining, und so kann es auch vorkommen, dass ein bereits eingebautes Teilchen wieder aus dem Rahmen fällt. Dann sind Disziplin, Selbstbeherrschung und „Fairständnis" gefragt, um das Teilchen mit ruhiger Basisarbeit wieder an seinen Platz zu bringen und das Gesamtbild zu vervollständigen.

Die Konzentrationsfähigkeit

Fingerspitzengefühl und Erfahrung benötigt man, um zu erkennen, ob das Pferd (oder man selbst) bereits nach einem

Kennt das Pferd das Wasser noch nicht, braucht es viel Vertrauen, um sich hineinzuwagen.

Wassertreten ist eine willkommene Abwechslung und stimuliert Muskeln und Nervenbahnen.

Teilchen die Grenzen seiner Konzentrationsfähigkeit erreicht hat oder ob man die Chancen eines guten Tages nutzen kann, um eventuell mehrere Teilchen einzubauen. Bei einem jungen Pferd sollte man davon ausgehen, dass es sich nicht länger als eine halbe Stunde konzentrieren kann. Da das Pferd nicht erkennen kann, welchen Gewinn (in Form von mehr Geschmeidigkeit, Kraft, Tragfähigkeit usw.) ihm ein von uns gelegtes Teilchen einbringt, sollte es an unserer überschwänglichen Freude und Begeisterung merken, dass es etwas ganz Tolles geleistet hat. Das wird sein Selbstvertrauen steigern und seine Intelligenz fördern.

Am Anfang steht der Takt

Wir dürfen mit unserem Puzzle nicht willkürlich an verschiedenen Stellen beginnen, sondern müssen zunächst eine Basis aus Takt, Form des Pferdes und ausbalanciertem, geschlossenem Grundsitz schaffen. Später kann man weitere Teilchen kreativ und spielerisch (aber immer ergebnisorientiert) ergänzen.

Ergebnisorientiert bedeutet, dass man den Weg und das Ziel der Ausbildung vor Augen hat, auf das man mit Konsequenz und Verstand hinarbeitet. Die erfolgreichen Ausbildungsschritte motivieren Pferd und Reiter und machen beiden Spaß.

Der Takt

> **INFO**
>
> Takt ist das Gleichmaß der Bewegungen, das heißt, Schritt, Trab und Galopp (auch die Spezialgangarten wie Tölt) haben immer die gleiche Frequenz und den gleichen Rhythmus – wie eine Uhr oder ein Metronom. Der Reiter ist der Hüter des Taktes.

Takt, Losgelassenheit und Gleichgewicht sind sehr eng miteinander verbunden. Eines geht ohne das andere nicht. Die Losgelassenheit lässt sich bei taktlosem Reiten nicht halten, weil die mentale Entspanntheit verloren geht, und das äußert sich in körperlicher Verspanntheit. Ohne Takt kommt Hektik auf. Ein junges Pferd, das noch Probleme hat, sich unter dem Reiter auszubalancieren, hat dadurch immer wieder mit Taktstörungen zu kämpfen. Indem wir es konsequent wieder in den Takt bringen, helfen wir dem Pferd, seine Balance zu finden. Die Dauer dieses Prozesses, über den Takt in innere und äußere Balance zu gelangen, ist von Pferdetyp zu Pferdetyp sehr unterschiedlich. Doch wenn man ein zuverlässiges Geländepferd haben möchte, darf man in diesem Punkt keine Kompromisse eingehen.

Taktrein durchs Gelände

Für das Gelände empfehle ich einen etwas ruhigeren Takt als in der Bahn, damit Vorwärtsdrang oder Bodenunebenheiten nicht zu Taktstörungen führen. Gerade im offenen Feld ist ein ruhiger Takt mit einer nachgiebigen Anlehnung unabdingbar, um die Kontrolle zu behalten. Eine zuverlässige, feine und pferdefreundliche Anlehnung ist nur möglich, wenn die Losgelassenheit durch Takt und Gleichgewicht gewährleistet ist. Die Anlehnung führt uns dann zur nächsten Stufe der Ausbildung.

Losgelassen reiten

Bleiben wir noch bei unserem Fundament: Takt, Losgelassenheit und Gleichgewicht. In der Pferdeausbildung werden unter den gleichen Fachbegriffen oft verschiedene Dinge verstanden, was zu unterschiedlichen und falschen Trainingseinheiten führen kann. Die Losgelassenheit ist ein Beispiel dafür. Viele Reiter „arbeiten" Reitstunde um Reitstunde an der Losgelassenheit und erreichen sie nie wirklich – weil sie Losgelassenheit mit Durchlässigkeit verwechseln o. Ä. Wenn ich mein Pferd aus dem Stall, von der Weide oder vom Paddock hole, ist es losgelassen. Es ist körperlich und seelisch völlig entspannt und spannungsfrei. Die

Kunst besteht nun darin, die bestehende Losgelassenheit trotz Anlehnung und Versammlung beim Reiten zu erhalten, Geschmeidigkeit, Durchlässigkeit und somit die Bewegungsmöglichkeiten zu verbessern. Wir arbeiten also nicht an der Losgelassenheit, sondern am Takt, an der Anlehnung der Balance usw.

Jedes Pferd hat seinen Takt

Man kann nicht davon ausgehen, dass jedes Pferd die gleiche Taktfrequenz hat. Die Taktfrequenz ist von den mentalen und körperlichen Anlagen des Pferdes abhängig, von seinem Ausbildungsstand und ganz besonders davon, bei welcher Frequenz das Pferd am schnellsten durchlässig wird und den Reiter zum Treiben kommen lässt. Das gilt für alle Grundgangarten gleichermaßen.

Bei fortschreitender Ausbildung empfiehlt es sich, durch Tempovarianten den Raumgriff des Schrittes, Trittes oder Sprunges zu erweitern und zu verkürzen.

Eine gleichmäßige Taktfrequenz sorgt für Kontrolle und Leichtigkeit.

Die Form des Pferdes

Die gedankliche und praktische Beschäftigung mit der Form des Pferdes ist von zwei Aspekten geprägt. Zum einen wissen wir aus der Anatomie, dass das Pferd körperlich in eine lebendige Form gebracht werden soll, um das Reitergewicht unbeschadet zu tragen. Bestimmte Muskelgruppen werden durch An- und Entspannung aufgebaut, damit sie das Skelett stabilisieren können. Zum anderen besteht die Frage, wie sich das Pferd geistig in Form bringen lässt, damit die körperliche Form durch feine Signale abrufbar wird.

Das Puzzleteilchen zwischen Takt und Form ist die Anlehnung, aus der dann die vortretende Hinterhand für die Beizäumung sorgt. Daran werden Biegung, Geraderichten, Schwung und Versammlung als weitere Teilchen angefügt, bis das Gesamtbild von Durchlässigkeit und Leichtigkeit komplett ist. Nun ist es möglich, das Pferd auf eine kleiner werdende Unterstützungsfläche zu stellen (Versammlung). Das heißt, dass die Hinterbeine den Vorderbeinen näher kommen und sich der Rücken des Pferdes aufwölbt. Dadurch wird aber auch die Balance störanfälliger, was einen ausbalancierten Sitz erfordert, um das Pferd nicht aus dem Gleichgewicht zu bringen. Das Pferd wird tragfähiger, und das Gewicht von Pferd und Reiter wird mehr auf die Hinterhand (Motor) verlagert.

> **TIPP**
>
> ### Spüren Sie die Form
>
> *Das können wir in einem einfachen Selbstversuch überprüfen: Wenn wir in den Vierfüßlerstand gehen, Arme und Beine weit auseinander strecken (so wie ein Sägebock), können wir ein wunderbares Hohlkreuz machen. Nehmen wir unsere Beine jetzt in Richtung Hände nach vorn, bis auf etwa fünfzig Zentimeter Abstand, wölbt sich unser Rücken von allein auf. Ein Hohlkreuz ist nicht mehr möglich. Uns wird klar, dass der Katzenbuckel tragfähiger ist als das Hohlkreuz und dass die Balance auf der kleineren Unterstützungsfläche störanfälliger ist.*
> *Wenn wir außerdem wissen, dass ein Hohlkreuz bei Lastaufnahme (Reiter) nicht schmerzfrei und gesund bleiben kann, wird plausibel, weshalb sich das Hinterbein des Pferdes so weit wie möglich unter dessen Körper bewegen sollte.*

Taktgebendes Hinterbein

Das unter den Pferdebauch vorschwingende Hinterbein in Verbindung mit einer gleichmäßigen Anlehnung sorgt für Durchlässigkeit des ganzen Pferdes. So bekommt der Reiter das Pferd in Dehnungshaltung. Durch das vortretende Hinterbein und die Dehnungshaltung bekommen wir in der verlängerten Oberlinie von Ohren über Hals und Rücken bis zum Sprunggelenk einen lebendigen Spannungsbogen, der sich nach oben wölbt, der bei jedem Schritt, Tritt und Sprung in Sekundenbruchteilen an- und entspannt wird. Das Nacken-Rücken-Band wird hinten von der Muskulatur der Hinterbacken beim Vortreten und vorn durch den tiefen Kopf gespannt. Die große Herausforderung an den Reiter liegt darin, diesen Bewegungsfluss von hinten nach vorn zu fördern.

Lektionen für die Dehnungshaltung

Übungen, die den lebendigen Spannungsbogen nach oben fördern: Tempounterschiede in allen drei Grundgangarten in feiner Anlehnung (Raumgriff erweitern und verkürzen) S. 98; alle Seitengänge im Vorwärts-Seitwärts S. 104; Rückwärts- Vorwärts (Schaukel) S. 120; Kurzkehrt S. 114; grundsätzlich eine korrekt gerittene Versammlung und Übergänge.

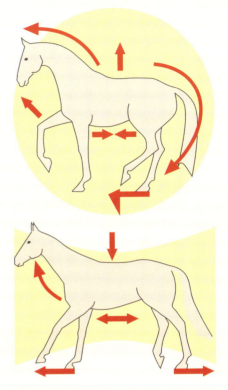

Die Grafik zeigt ein versammeltes Pferd (oben) und ein auseinander gefallenes Pferd (unten).

Positive Spannung bei Reiter und Pferd = Die Muskulatur spannt und entspannt sich im Bewegungsrhythmus des Pferdes. Der Reiter schwingt im Takt mit, ohne zu stören.

Negative Spannung bei Reiter und Pferd = Andauernde Muskelanspannung, die die Gelenke blockiert und so den Bewegungsfluss verhindert. Diese resultiert meist aus Ziehen, Drücken und der Verspanntheit des Reiters.

Der Sitz

Der Sitz und die einfühlsame, systematische Hilfengebung des Reiters sind das tragfähige Fundament des Reitens. Unser Sitz und unser Gefühl entscheiden darüber, in welcher Liga wir reiten und ob wir Aufstiegsmöglichkeiten haben.

Grundvoraussetzung für einen geschmeidigen Sitz ist, dass man in allen Situationen und Bewegungsabläufen die Balance halten kann, denn dann hat man keinen Grund mehr, sich z.B. durch Knieklemmen auf dem Pferd zu halten.

Man kann sich losgelassen, entkrampft aufrichten und den Bewegungsabläufen des Pferdes anvertrauen. Die leichte Körperspannung, die der Reiter braucht, um aufgerichtet und tief im Sattel zu sitzen, ist nicht mehr statisch, sondern bleibt durch passives An- und Entspannen der Muskulatur stets elastisch, den Bewegungsabläufen des Pferdes folgend. Aktives An- und Entspannen der Muskulatur erfordert viel Gefühl und Erfahrung und muss immer den Bewegungsabläufen des Pferdes und den Erfordernissen angepasst sein.

Lassen Sie Ihren Sitz ab und zu von einem Trainer oder Reitkollegen überprüfen und gegebenenfalls korrigieren.

Der ausbalancierte Sitz benötigt keinerlei Kraftaufwand.

Der ausbalancierte Grundsitz

Der Reiter sollte versuchen, das Pferd aus einem ausbalancierten, tiefen, geschlossenen Grundsitz heraus zu kontrollieren. Der Oberkörper sollte locker und aufgerichtet sein, der Kopf über dem Körper stehen, in Bewegungsrichtung bzw. bei den Seitengängen in die gleiche Richtung schauen wie das Pferd. Von hinten sollte der Oberkörper mit dem Kopf einen symmetrischen Eindruck ergeben.

Die Beine sollten locker links und rechts am Pferd hinunterhängen. Egal ob mit Spring-, Gelände- oder Dressurbügellänge, man sollte versuchen, das Pferd so

Die Steigbügel sind zu lang für das Gelände und lassen keinen leichten Sitz mehr zu.

Werden die Absätze und Knie hochgezogen, ist eine korrekte Hilfengebung nicht mehr möglich.

weit wie möglich mit den Beinen zu umfassen. Die Wade „atmet" am Pferdebauch. Die Schulter, die Hüfte und das Sprunggelenk des Reiters bilden eine gerade Linie, die vordere Stiefelkante schließt mit dem hinteren Ende des Gurtes ab. Bei der verwahrenden Schenkelhilfe liegt die Vorderkante des Stiefels mindestens eine Hand breit hinter dem Gurt. Das Becken ist das Bewegungszentrum des Reiters. Mit ihm und den Beinen kann der Reiter das Pferd erfühlen und kontrollieren. Die Zügelhilfen werden dadurch minimiert.

Grundsätzlich gilt für den Sitz dasselbe wie für die Hilfengebung: Immer so wenig wie möglich und so viel wie nötig bewegen. Konkret bedeutet das, dass die Bewegung des Pferderückens möglichst mit dem unteren Beckenbereich des Reiters kompensiert wird.

Je besser uns das gelingt, umso weniger Bewegung kommt im Oberkörper, in den Armen, den Beinen und im Kopf an. Der Reitersitz wird ruhiger, also störungsfreier und angenehmer für das Pferd, unabhängige Bein- und Zügelhilfen werden so erst möglich.

Geländevorteile für den elastischen Sitz

Die Geländedressur bietet dem Reiter die Chance, seinen Sitz gegenüber der Bahn nochmals deutlich zu verbessern. Durch Bodenunebenheiten und Höhenunterschiede haben wir keinen konstant gleich bleibenden Sitz, sondern eine ständige Anpassung der Balance und des tiefen Sitzes an alle Bewegungen. Damit gewinnen wir an Flexibilität und Gefühl für die Bewegungsabläufe.

Der Drehsitz

Das Pferd sollte nach Möglichkeit mit dem Sitz „gelenkt" werden, um ein Ziehen an den Zügeln zu vermeiden. Schließlich will man ja den Pferdekörper lenken und nicht nur die „Balancierstange" Kopf und Hals des Pferdes. Möchte der Reiter „abbiegen", beginnt er, indem er den Blick in die neue Bewegungsrichtung wendet. Mit dem Blick stellt er auch seinen Schulter- und Brustbereich in die neue Richtung. Dadurch bekommt das Pferd bei Zügelanlehnung die Stellung in die neue Richtung. Kopf und Schulterbereich des Reiters kontrollieren also Kopf und Schulterbereich des Pferdes.

Damit sich das Pferd auch in den Rippen (also in der gesamten Längsachse) biegt, bietet der Reiter dem Pferd sein langes inneres Bein an (Absatz tief), an dem es sich abstoßen und wie um ein Widerlager biegen kann. Das äußere Reiterbein sorgt, verwahrend zurückgenommen, dafür, dass die Kruppe des Pferdes auf der Linie gehalten wird und nicht nach außen driftet.

Der Reiter nimmt also den so genannten Drehsitz ein. Die äußere Schulter geht vor, das äußere Bein zurück, das Becken folgt dem Bein. So biegt sich das Pferd auf natürliche Weise unter dem Reitersitz.

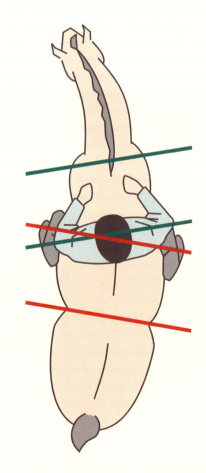

Die Schulter und das Becken des Reiters stehen parallel zu Schulter und Becken des Pferdes beziehungsweise umgekehrt. Durch das lange innere Bein und das Einstellen des Oberkörpers in die neue Bewegungsrichtung verlagert sich der Schwerpunkt des Reiters, das losgelassene Pferd versucht sich darunter auszubalancieren, und das Balancereiten wird möglich.

> **TIPP**

Gleichgewichtsversuch

Auch zum Sitz gibt es einen einfachen, aber aufschlussreichen Selbstversuch: Stellen Sie sich auf ebenem Boden auf die Zehen – Balanceprobleme werden Sie nach vorn kippen lassen. Stellen Sie sich nun auf die Hacken, und Sie werden eher nach hinten fallen. Aufs Pferd übertragen ergibt sich daraus folgende Erkenntnis: Nach unten weisende Zehenspitzen des Reiters schieben das Gewicht auf die Vorhand des Pferdes; Schenkelhilfen sind nur bedingt möglich. Bei nach unten gedrückten Hacken wird das Reitergewicht der Hinterhand geschoben. Tiefer Sitz und effektiver Wadeneinsatz werden möglich.

Verschiedene Sitzformen

So wie die mittleren und versammelten Tempi ein Prüfstein für den Ausbildungsstand des Pferdes sind, so sind es die verschiedenen Sitzformen für den Reiter. Probieren Sie die unterschiedlichen Sitzformen, bestehend aus Grundsitz, Entlastungssitz und leichtem Sitz, in den verschiedenen Gangarten aus. Beim Trab kommt noch das Leichttraben hinzu.

Ziel der Übung Präsentiert sich ein Reiter in den verschiedenen Sitzformen, kann man sehr schnell dessen reiterliche Möglichkeiten und Grenzen erkennen. Je elastischer und ausbalancierter der Reiter sitzt, je besser er sich dem Bewegungsfluss des Pferdes anpasst, umso feiner kann er auf das Pferd einwirken, gezielt die Hilfen geben, ohne es dabei zu stören.

Meiner Erfahrung nach, die ich bei vielen meiner Reitschüler gemacht habe, verbessert ein häufiger Wechsel der Sitzformen Balance, Rhythmus und Körpergefühl. Auch das Gespür für das Pferd wird verbessert.

Erkennt ein Reiter zum Beispiel, dass sein Pferd im Entlastungssitz (Spring-, Chironsitz) viel runder und elastischer geht, drängt sich ihm doch die Frage auf: Was muss ich beim Aussitzen oder beim Leichttraben anders machen, damit mein Pferd genauso rund läuft?

Geländetaugliche Sitzformen
Im Schritt
Aussitzen, Entlastungssitz, leichter Sitz
Im Trab
Aussitzen, leichter Sitz, Leichttraben
Im Galopp
Aussitzen, Entlastungssitz, leichter Sitz

Aussitzen orientiert sich, egal in welcher Gangart, am Dressursitz: Schulter, Hüfte und Sprunggelenk liegen auf einer Linie übereinander, während der Reiter tief im Sattel sitzt und locker mitschwingt.

Entlastungssitz bedeutet ein leichtes Vornehmen des Oberkörpers aus dem Aussitzen heraus. Der Entlastungssitz kommt im Schritt bei leichtem Klettern zum Einsatz, zu Beginn des Rückwärtsrichtens, im Galopp bei Pferden, die fürs Aussitzen noch zu wenig Rückenmuskulatur aufgebaut haben, oder wenn man intensiver einwirken will als im leichten Sitz, z. B. wenn man im Galopp an einem Holzstapel mit Plane vorbeireitet.

Leichttraben ist – aus dem Aussitzen heraus – ein rhythmisches Aufstehen und weiches Hinsetzen auf dem inneren Hinterbein, eine weiche, fließende Bewegung. Oft sind auf einem geraden Weg deutliche Unterschiede zwischen Leichttraben auf dem linken und auf dem rechten Hinterbein zu erfühlen. In diesem Fall ist es angebracht, über ein therapeutisches Geraderichten des Pferdes nachzudenken.

Leichter Sitz ist der flexible, gut ausbalancierte Elastiksitz in der Freizeitreiterei, nicht nur im Gelände, und gehört zum Lieblingssitz der Pferde. Grundsätzlich sollte man – bei allen Sitzformen – so dicht wie möglich am Pferd sein. Deshalb und auch um den Schwerpunkt nicht unnötig zu erhöhen, ist ein übermäßiges Aufstehen aus dem Sattel abzulehnen. Zwei Zentimeter können reichen, fünf Zentimeter sind das Maximum. Den leichten Sitz (Schulter, Knie und Fußgelenk liegen auf einer Geraden übereinander) gibt es von der klassischen Form bis zur extremen Form des Chiron- oder Rennsitzes, bei dem die Schulter noch tiefer und der Po weiter nach hinten genommen wird.

> **›INFO**
>
> *Die Bedeutung der idealen Steigbügellänge ist nicht zu unterschätzen, vor allem beim Geländereiten. Die Steigbügellänge sollte so gewählt werden, dass mit ihr alle Sitzformen mit gestreckter Wadenmuskulatur ausgeführt werden können.*

Der Sitz | 43

Ob Leichttraben, Entlastungssitz oder Aussitzen: Die Form und der Bewegungsfluss des Pferdes sollen erhalten bleiben.

Der leichte Sitz sollte im Gelände unser „Schokoladensitz" sein. Wenn wir ein Bewusstsein für Geschmeidigkeit entwickelt haben, erleichtert uns der leichte Sitz, im Sprung-, Knie- und Hüftgelenk schön elastisch durchzufedern und dadurch Druckspitzen, wie wir sie beim Leichttraben noch haben, zu vermeiden. Deshalb nehme ich ganz bewusst nicht nur im Galopp, sondern auch im Trab häufig den leichten Sitz ein und animiere auch meine Reitschüler dazu. Hat man sich erst einmal daran gewöhnt, mit leichtem Waden-, Knie- und Zügelkontakt zu stehen und im Bewegungsrhythmus des Pferdes elastisch zu federn, macht es richtig Spaß.

Der leichte Sitz ist immer wieder eine Herausforderung für die Elastizität und Balance des Reiters. Besonders schön kann man sich auf unebenem oder unterschiedlich hohem Untergrund dem Schwerpunkt des Pferdes anpassen.

Tempospiel und Tempokontrolle
Wenn wir uns mit dem Oberkörper vorbeugen, fordern wir das Pferd auf, sich nach vorn auszubalancieren, und machen es dadurch schneller.

Durch Zurückkommen und Aufrichten des Oberkörpers führen wir das Pferd zurück. Durch gerades elastisches Hinsitzen verstärken wir das Zurückführen bis zum Schritt oder Halt.

Der Rahmen des Pferdes

Spielräume und Grenzen

Dem Pferd muss im Umgang und beim Reiten ein berechenbarer Rahmen bereitgestellt werden, damit es sich wohl fühlt. Dieser Rahmen definiert klare Spielräume und Grenzen. Ich kann das Pferd sowohl mental als auch körperlich in einen für Mensch und Tier angenehmen Rahmen bringen, beides muss dabei zusammenspielen.

Ein guter Vergleich für einen solchen Rahmen ist eine breite Einbahnstraße mit Leitplanken an beiden Seiten. Wichtig ist, dass das Pferd zwischen den Leitplanken genügend Spielraum hat, deshalb muss die Straße breit sein (keine Scheuklappen oder Einengung). Denn Entfaltungsmöglichkeiten fördern Motivation und Selbstbewusstsein des Pferdes. Andererseits sorgen die Leitplanken für Platzzuordnung und Berechenbarkeit. Die Richtung und das Tempo werden vom Reiter vorgegeben.

Wenn das Pferd das Kommando übernimmt

Bei einem Pensionspferdehalter, der aus falsch verstandener Tierliebe auf den psychologischen Rahmen verzichtete, bestimmten immer „wir" (das Team Pferd/Mensch), was getan oder auch nicht getan wurde. Das heißt, im Zweifelsfall (Futtertrieb, Fluchttrieb, Herdentrieb) übernahm das Pferd das Kommando und entschied über Richtung, Tempo usw., ohne Rücksicht auf das Umfeld. So

Hier stimmt das Verhältnis: „Leitmensch" Werner Jost gibt den Rahmen und die Richtung vor...

entstand eine sehr gefährliche Situation: Das Pferd erschrak beim Führen in der Reithalle aus einem nichtigen Grund und galoppierte los – und überrannte seinen Menschen.

Angebote annehmen

In der Pferdeausbildung gibt es Dinge, die in die Kategorie „Muss" fallen, und solche, die als „Kann" betrachtet werden können. Dass das Pferd beim Aufsitzen des Reiters stehen bleibt, ist für mich beispielsweise ein Muss.
Wenn mir ein Pferd dagegen Schritt für Schritt ein Rückwärts unter dem Reiter anbietet, obwohl es das noch nicht gelernt hat, korrigiere ich es nicht, sondern versuche sein Angebot mit der richtigen Hilfengebung so zu kanalisieren, dass es mit der Zeit abrufbar wird. Hier wird der Entfaltungsspielraum produktiv genutzt, indem ich auf das Angebot des Pferdes mit einem „Du darfst" eingehe.

Der pferdegerechte Rahmen

Meiner Erfahrung nach lässt sich ein Pferd, das einen pferdegerechten, das heißt an Herdenstrukturen orientierten Rahmen kennen gelernt hat, am losen Strick in der vom Menschen vorgegebenen Position führen. Es rempelt ihn nicht an, und auch wenn die genannten artspezifischen Triebe angesprochen werden, ist eine Platzierung nach vorn, rückwärts oder seitwärts vom Boden wie vom Sattel aus leicht möglich.

Damit wir uns richtig verstehen: Es geht nicht darum, das Pferd zu begrenzen. Im Gegenteil – der Rahmen schafft Losgelassenheit, Zufriedenheit, Berechenbarkeit und Orientierung. Das Pferd fühlt sich wohl, weil es die Verhältnisse so aus der Herde kennt und weil sie seinem Wesen entsprechen. Kurz gesagt: Der Rahmen macht Pferd und Mensch glücklich.

Ganz besonders gilt das natürlich beim Reiten im Gelände, wo die Sicherheit (für sich und andere), also die Kontrolle des Reiters über das Pferd, oberste Priorität hat. Hier muss ich zuverlässig in der Lage sein, das Pferd in einem bestimmten Rahmen, auf einem vorgegebenen Weg zu halten.

... und die beiden gehen vertrauensvoll ihren Weg.

Durch den Reiter eingerahmt

Wenn wir auf dem Pferd sitzen und es körperlich einrahmen möchten, stehen uns dafür die Gewichts-, Schenkel- und Zügelhilfen zur Verfügung. Beim Betrachten der Skizze wird verständlich, was ein kluges Kind dazu gesagt hat: „Wenn ich das Pferd so einrahme, hat es keinen Ausgang." Gemeint war: So habe ich die völlige Kontrolle über das Pferd.

Dabei darf der Rahmen, wie er hier bildlich dargestellt ist, nicht als statisches Instrument betrachtet werden, um ein Pferd zu beherrschen, sondern muss von Leichtigkeit und der Bereitschaft zum Nachgeben bzw. Öffnen geprägt sein – wie ein Gummiband, das mit den Bewegungen leicht mitfedert, aber nicht verrutscht oder plötzlich reißt.

Zirkelbegrenzungen

Wenn ich auf dem Zirkel reite und mein Pferd nach innen drängt, gilt es, den inneren Rahmen aus Bein und Zügel freundlich, aber bestimmt zu verstärken und den äußeren Rahmen zu lockern. Meine Gewichtshilfe fordert unterstützend, dass sich das Pferd nach außen ausbalanciert. Es geht über die äußere Schulter und die Kruppe nach außen, weil ich die verwahrenden Hilfen bewusst kurzzeitig vernachlässige. Das Pferd bleibt gestellt, gebogen und tritt mit dem inneren Hinterbein unter den Schwer-

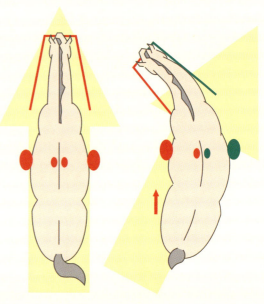

Bein, Zügel und Gesäß bilden den Rahmen (rot). Öffnet man den Rahmen zu einer Seite (grün), wird das Pferd in diese Richtung gehen.

punkt, wie es zu seiner Gesunderhaltung auf gebogenen Linien notwendig ist.

Falsch wäre es, das Pferd einfach mit den Zügeln an der Nase nach außen zu ziehen, wie es leider sehr oft praktiziert wird. Damit bringe ich das Pferd aus dem Gleichgewicht, Stellung und Biegung gehen verloren, das Gewicht von Pferd und Reiter wird in dem Moment vom inneren Vorderbein aufgefangen. Also gilt auch hier wieder: Wenn ich den Pferdekörper beherrschen will, muss ich den Körper lenken und nicht die Nase, auch wenn es dem Pferd viel leichter fällt, den Hals nach außen zu klappen.

Pferd und Reiter in Balance

Balance ist das zentrale Thema, wenn es um harmonisches Reiten geht. Dahinter verbirgt sich einiges mehr als nicht vom Pferd zu fallen. Betrachtet man Mensch und Pferd, so erkennt man zwei in Körper und Denkweise völlig unterschiedliche Individuen. Wir haben es also mit vier Faktoren zu tun – zwei Körpern und zwei Seelen. Da Harmonie und Leichtigkeit unser Ziel sind, muss jeder der vier Punkte in Balance sein, um zu einer harmonischen Gesamtbalance zu gelangen. Ist nur einer der vier Punkte im Ungleichgewicht, sind Störungen in Harmonie und Leichtigkeit vorprogrammiert.

Balance im Gelände

Das Gelände ist einerseits entspannend und fördert also die innere Balance. Andererseits steigern Bodenunebenheiten, Hanglagen, wechselnde Bodenverhältnisse etc. den Anspruch an die äußere Balance. Doch immer schön der Reihe nach. Zwei Lebewesen sollen zu einem gemeinsamen Gleichgewicht gelangen. So geht's:

1. Die äußere Balance des Reiters
Der Reiter sitzt ausbalanciert, tief und losgelassen im Pferd, mit nur so viel Körperspannung, um den Oberkörper gerade, die Beine am Pferdebauch, Ellbogen am Oberkörper, Fäuste geschlossen etc. zu halten. Die untere Hälfte des Reiterbeckens federt passiv im Gleichklang mit dem Pferderücken mit. Der Reiter lässt die Bewegung des Pferdes ungebrochen durch sein Becken fließen. Der Rest seines Körpers – Rumpf, Schultern, Arme und Beine – bewegt sich so ruhig und weich wie möglich mit. Im Aussitzen balanciert sich der Reiter auf seiner Sitzfläche aus, im leichten Sitz auf den Steigbügeln mit leichtem Unterschenkel-Knie-Kontakt. Ein Balanceverlust des Reiters geht oft Hand in Hand mit klemmenden Knien, Händen, die sich am Zügel festhalten, eingeschränkter Atmung und Angst. Das lockere Mitschwingen des Reiters und der Bewegungsfluss des Pferdes sind gestört. Diesen Kreislauf gilt es zu durchbrechen.

Reiter und Pferd sind in Balance und Bewegung.

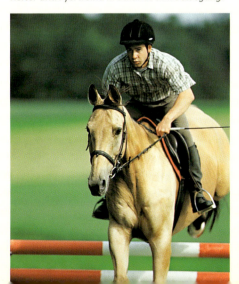

2. Die innere Balance des Reiters

Punkt 1 kann der Reiter nur erfüllen, wenn er frei ist von Druck, Belastungen und Ängsten. Er muss Vertrauen zum Pferd, in die Bewegungsabläufe, Situationen und auch in seine eigenen Möglichkeiten haben. Das setzt natürlich voraus, dass er erstens „den Rücken frei hat" (oder frei machen kann) von allem, was mental klemmt oder blockiert, und zweitens im Umgang mit dem Pferd und beim Reiten über ein aus Erfahrungen und positiven Erlebnissen geschöpftes Vertrauen verfügt (bei Erwachsenen noch wichtiger als bei Kindern). Wir ahnen nun, welche Bedeutung dem Zusammenspiel von Körper und Seele beigemessen werden muss.

3. Die äußere Balance des Pferdes

Beim Pferd, das zwar ein ganz anderes Lebewesen ist, aber ebenfalls einen Körper und ein Gemüt hat, kann man vieles analog dazu betrachten, ohne das Tier deshalb zu vermenschlichen. Auch das Pferd soll sich, losgelassen an Muskulatur und Gelenken, mit nur so viel Körperspannung, wie für Selbsthaltung, Schub und Tragkraft notwendig ist, in Balance unter dem Reiter vorwärts bewegen. Mit dem Reitergewicht muss sich das Pferd anders ausbalancieren als ohne. Auch hierbei spielen Punkt 1, 2 und 4 eine Rolle. Dazu kommen noch die reittechnischen Fertigkeiten und das Wissen des

Um körperlich und seelisch mit dem Pferd ins Gleichgewicht zu kommen, darf bei beiden kein innerer Druck vorhanden sein.

Reiters. Wird das Pferd nicht in Balance vorwärts geritten, entstehen einseitige Belastungen, somit Verspannungen und Versteifungen von Muskulatur und Gelenken, die auf Dauer zum Verschleiß führen.

4. Die Balance der Pferdeseele

Die Balance der Pferdeseele (Interieur) hängt stark vom Vertrauen ab. Für das Wohlbefinden des Pferdes ist es erforderlich, dass Futter-, Sozial- und Bewegungstrieb befriedigt werden können und der Pflege- und Gesundheitszustand sowie die Unterbringung und systematische Ausbildung in Ordnung sind. Dazu gehören natürlich auch ein passender Sattel, die Erfüllung von Punkt 1 bis 3

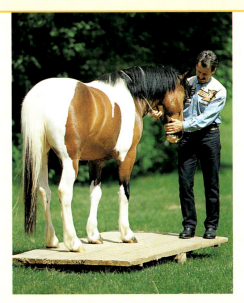

Die Wippe als Waage: ein besonderer Balanceakt für Mensch und Pferd, der bei beiden viel Körperbeherrschung erfordert.

Problemen: Taktstörungen, Anlehnungsschwierigkeiten, Schwung- bzw. Bewegungsverlust, Verspannung, Lustlosigkeit oder Hektik. Wichtig ist, dass wir die Ursache herausfinden und wieder zum harmonischen Arbeiten kommen.

Lassen Sie sich nicht entmutigen! Es lohnt sich, an der Balanceverfeinerung zu arbeiten. Der Wunschtraum aller Reiter – „Ich denke, und das Pferd tut es" – lässt sich nur über Versammlung und absolute innere wie äußere Balance verwirklichen. Balancestörungen wirken sich im Gelände negativer aus als in der Bahn. Andererseits wird unsere Balance im Gelände stärker verfeinert.

sowie ein gut gelaunter, motivierter Zweibeiner. Für positive Grundstimmung, berechenbare Konsequenz, Verständnis und Wissen des Menschen sind Pferde sehr dankbar und werden es mit ihrem Vertrauen belohnen.

Störungen des Gleichgewichts

Ich wünsche jedem Reiter, dass er es schafft, die vier Balancepunkte zu erfüllen – auch seinem Pferd zuliebe. Erst dann können Reiterträume wahr werden: In gemeinsamer Balance kann man beginnen, sein Pferd aufzubauen, schöner zu machen und zu einer richtigen vierbeinigen Persönlichkeit zu entwickeln.

Störungen im inneren und äußeren Gleichgewicht äußern sich in folgenden

> **TIPP**

Balancetraining

Trainieren Sie Ihre Balance durch den Chiron- oder Springsitz mit kurzen Bügeln im Schritt, Trab und Galopp. Reiten ohne Steigbügel im Schritt, Trab und Galopp, auch auf Wendungen wie Volten, Achten etc. Ohne Pferd: So langsam wie möglich Fahrrad fahren, bis zum Stehenbleiben, ohne die Füße abzusetzen; in langsamem Tempo Schlangenlinien radeln; auf dem Schwebebalken gehen; Trampolin springen, auch auf einem Bein.

Die Bewegung

Die Leistungsstärke, das heißt die Bewegungsmöglichkeiten, die Elastizität und die Beidhändigkeit bzw. Geradheit unter der Prämisse des psychischen Wohlbefindens des Pferdes zu verbessern, gehört zu den vornehmsten Aufgaben des Reiters.

Antrieb aus der Hinterhand

Um das Pferd auf die Hinterhand (Motor) zu setzen, muss es verstärkt geradegerichtet und im ruhigen Takt vorwärts geritten werden. Dabei stehen ruhig und vorwärts nicht im Widerspruch zueinander, wenn man bedenkt, dass sich das Vorwärts primär in mehr Bewegungsqualität zur Gesunderhaltung und Leistungssteigerung äußert. Das heißt, die Aktivität der Hinterhand, die Rotation der Sprunggelenke, der Raumgriff nach oben und vorn werden erhöht und mit fortschreitender Ausbildung differenziert weiterentwickelt, bis sie z. B. in den Trab nach oben in die Passage oder nach vorn in den starken Trab münden. Die Motivation für mehr Aktivität und Rotation des Motors liegt darin, dass sich dieser Bewegungsfluss durch den ganzen Pferdekörper über Rücken und Hals bis zum Maul des Pferdes nach vorn fortsetzt, wo der Bewegungsfluss und die Dynamik von der weichen Reiterhand aufgefangen und kontrolliert werden können.

Der schwingende Rücken

Das Bewegungszentrum des Pferdes, der Rücken, gerät verstärkt in Schwingung, die Muskelgruppen des Rückens und des Bauches, der ganze Pferdekörper einschließlich der Wirbelsäule mit ihren einzelnen Wirbelkörpern schwingen mit. Wenn man sich diese Bewegung bildlich vorstellt, liegt einem das Wort Elastizität schon auf der Zunge, oder? Diese Elastizität nimmt den Reiter mit, lässt ihn tief sitzen und in der Hüfte mitschwingen. Die Durchlässigkeit der Hilfen wird erhöht, die Anlehnung verbessert sich und die Basis für eine gesunde Weiterentwicklung ist gegeben.

Zum Thema „ruhig und vorwärts" ist noch zu sagen, dass selbstverständlich immer beides zum Trainingsplan gehört. Meistens kann man es jedoch nicht halbe-halbe gewichten, da die Gewichtung vom Temperament, dem Ausbildungsstand, der Stimmung, der Lösungsphase und der Arbeitsphase abhängt. Auch die Umgebung spielt eine Rolle. So kann es zum Beispiel sinnvoll sein, ein Pferd in der Halle etwas deutlicher vorwärts zu reiten, um es wach und flott zu machen, während man es im Gelände etwas ruhiger angehen lassen sollte, da das Pferd von sich aus einen Vorwärtsdrang zeigt.

Förderung der Symmetrie

Elastizität und Durchlässigkeit erhalten wir nur bedingt auf geraden Linien. Vor allem durch die Biegung bei Seitengängen und beim Reiten gebogener Linien wird das Pferd beidhändig gemacht. Das ist notwendig, damit sich das Pferd kräfteschonend unter dem Reiter bewegen kann. Konkave und konvexe Seite müssen sich einander annähern, beide Hinterbeine müssen gleich viel Schub- und Tragkraft entwickeln. Nur so lässt sich die Leistungsfähigkeit steigern und sorgt für die Gesunderhaltung des Pferdes.

Eine einfache, doch sehr wertvolle Übung, um die Biegsamkeit zu fördern und zu überprüfen, ist das Reiten einer Acht in allen Grundgangarten.

Draußen im Gelände, auf der Wiese, spielt der psychologische Aspekt eine größere Rolle. Nach meiner Erfahrung haben Pferde mit starker natürlicher Schiefe mehr Probleme damit, mental ausbalanciert zu sein. Auch hier zeigt sich wieder die enge Verbindung von Körper und Seele. So wird ein schiefes Pferd beim Reiten von gebogenen Linien auf einer Wiese immer dann, wenn an der Stelle, wo es nach Hause geht und die konvexe Seite außen liegt, über die äußere Seite zum heimatlichen Stall und den Artgenossen drängen. Dann ist der äußere Rahmen – Zügel, Bein und weniger Biegung – gefragt, um Schulter und Kruppe des Pferdes und somit das ganze Pferd unter Kontrolle zu halten.

Biegung und Seitengänge richten das Pferd gerade und aktivieren die Hinterhand.

Leichtigkeit

Ein Durchschnittspferd wiegt etwa 500 Kilogramm. Jeder Mensch, der einmal Pferde in freier Bewegung beobachtet oder mit Pferden gearbeitet hat, erahnt beziehungsweise weiß, was für enorme Kräfte freigesetzt werden können. Daher wäre es vermessen, so ein Kraftpaket allein mit Kraft, ohne Verstand, Technik und Gefühl beherrschen zu wollen, denn das wird dem Menschen nicht gelingen.

Jeder Pferdeausbilder weiß: Druck erzeugt Gegendruck, physische und damit auch psychische Anstrengung des Reiters bewirkt das Gleiche beim Pferd (das Pferd ist ein Spiegel des Reiters), seine Losgelassenheit und Motivation gehen verloren. Wenn also klar ist, dass wir mit unseren fünfzig bis achtzig Kilo und entsprechend geringer Kraft das Pferd nur durch bestimmte Techniken, durch Ausbildung und Kommunikation beherrschen können, warum kommen wir dem gutmütigen Pferd dann nicht mehr entgegen und versuchen es ohne jede Krafteinwirkung zu führen bzw. zu reiten? Das Pferd in seiner Gutmütigkeit ist doch ohnehin bereit, sich unserem Willen zu beugen.

Positive Grundstimmung

Bei meinen Schul- und Lehrpferden kann ich immer wieder beobachten, wie sich das Pferd dem Gemütszustand des Reiters anpasst. Wir bewegen uns, so wie wir uns fühlen, und die Pferde übernehmen das. Mit einer positiven Grundstimmung, die von Fröhlichkeit, Liebe zum Pferd, Freude an der Situation, Entspanntheit und Bewegungssicherheit geprägt ist, haben wir einen ersten Schritt zur Leichtigkeit im Umgang und beim Reiten getan. Auch hier gilt wieder: Ohne mentale Entspanntheit bei Mensch und Tier gibt es bei beiden keine körperliche Losgelassenheit.

Kleine Impulse

Nun betrachten wir die Leichtigkeit von der reittechnischen Seite: Jede unserer Hilfen wird das Pferd bald als Belästigung empfinden oder als nichts sagend ignorieren, wenn wir sie pausenlos geben. Viele Reiter meinen, jeden Schritt klopfend heraustreiben zu müssen.
Der Merksatz „Immer so wenig wie möglich, nur so viel wie nötig" ist richtig, allerdings erklärungsbedürftig. Reagiert ein Pferd sehr unsensibel auf die treibenden Schenkelhilfen, könnte der Reiter meinen, er habe es mit einem faulen Pferd zu tun, bei dem „so viel wie nötig" eben noch etwas mehr Einwirkung bedeutet. Mit dem Ergebnis, dass das Pferd noch „fauler" und unsensibler auf die Schenkelhilfen reagiert. Die Lösung des Problems liegt im Impulsreiten, dem das Reiz-Reaktions-Prinzip zugrunde liegt.

Ein zufriedenes Pferd und ein glücklicher Reiter.

> **INFO**

Das Reiz-Reaktions-Prinzip

Man setzt einen für das Pferd verständlichen Reiz – das Pferd reagiert – zur Bestätigung/Belohnung stellt man den Reiz sofort ab. Diese Folge aus Reiz, Reaktion, Belohnung wiederholt man fortlaufend, wobei die Intervalle zwischen den Reizen ständig länger werden sollten, bis der Reiz nur noch gelegentlich gesetzt werden muss. Ein praktisches Beispiel dazu: Ich gebe mit der Wade treibende Schenkelhilfen, doch das Pferd reagiert nicht darauf. Deshalb werden die treibenden Impulse dynamischer gegeben. Das Pferd reagiert nun vorwärts, aber zögernd und nicht zufrieden stellend. Also gebe ich die treibende Hilfe erneut, diesmal mit einem unterstützenden Gertenimpuls. Jetzt ist die Reaktion gut, worauf ich den Reiz sofort abstelle und das Pferd überschwänglich lobe. Das Ganze wiederhole ich je nach Reaktion und Bedarf zwei- bis dreimal zur positiven Konditionierung.
Wichtig ist, dass nach jeder positiven Reaktion der Reiz sofort aufhört und das Pferd mit der Stimme gelobt wird. Wenn wir konsequent so verfahren, bekommen wir ein fein am Bein stehendes Pferd, das auf winzige Impulse hin willig und leicht vorwärts geht.

Erholungsphasen am langen Zügel

Es sollte selbstverständlich sein, das Pferd immer wieder am hingegebenen Zügel schreiten zu lassen. Ein gut gearbeitetes Pferd wird sich dabei maximal strecken (Nase nach vorn-unten) und rasch regenerieren, um dann erholt und motiviert weiterzuarbeiten. Wenn man das Pferd in der Erholungsphase wirklich in Ruhe lässt und mit keinerlei Einwirkung behelligt, wird es wieder viel empfänglicher für unsere Hilfengebung sein.

Dauer der Arbeit

Da sich ein Pferd je nach Alter und Ausbildungsstand höchstens dreißig bis sechzig Minuten voll konzentrieren kann, sollte man die Gesamtarbeitsphase nicht länger gestalten. Wir wollen primär die Leichtigkeit, Frische und Motivation des Pferdes fördern und nicht sein Desinteresse, seine Müdigkeit und Ausdruckslosigkeit. Daran sollten wir auch beim Spazierenreiten denken. Also überfordern Sie Ihr Pferd nicht, und beenden Sie die Übung, wenn sie gut ausgeführt wurde.

Lektionen an der Hand

- 1 x 1 der Bodenarbeit 56
- Das lebendige Maul 60
- Genickmobilisation 60
- Stellung im Schritt 61
- Führen 62
- Rückwärtsrichten 64
- Schaukel und Stehenbleiben 66
- Übertretenlassen 66
- Schulterherein 67
- Schenkelweichen 68
- Travers 70
- Travers von der konkaven Seite 72
- Piaffe 74
- Spanischer Schritt 75
- Hinlegen im Gelände 77

1 x 1 der Bodenarbeit

Zu einem guten Ausbildungskonzept gehört, dass das Pferd auch vom Boden aus trainiert wird. Denn Kommunikation beginnt bereits mit dem Führtraining beim Fohlen und kann sich bis zur Piaffe des erwachsenen Pferdes an der Hand oder an der Doppellonge fortsetzen. Dazwischen liegt eine Menge konsequente und faire Erziehungsarbeit.

Erziehung

Eine gut strukturierte Herde ist für das Fohlen und Jungpferd unersetzlich und nimmt dem Menschen bei der pferdegerechten Erziehung viel Arbeit ab. Doch schon während der Fohlenzeit müssen die Verhältnisse zwischen Mensch und Pferd geklärt werden. Gelingt dies, so ist der Umgang mit dem Pferd von Leichtigkeit und Kontrolle geprägt, und zwar bei allem, was wir mit dem Pferd tun, vom Umgang bis hin zum Reiten.

Das Miteinander sollte von gegenseitigem Respekt geprägt sein, wobei jedoch stets klar sein muss, wer die Leitfunktion hat. „Wer nicht leitet, der leidet" – das stimmt jedoch nur, soweit es den Menschen betrifft. Das Pferd kann keine Verantwortung für den Menschen übernehmen. Der Mensch darf dem Pferd einen gewissen Spielraum lassen, in dem das Tier ihm etwas anbieten kann, doch er muss immer Herr der Lage bleiben. Das ist die Grundvoraussetzung für die Bodenarbeit, egal ob es sich ums Führen, Longieren, Verladen oder um die klassische Bodenarbeit handelt. Und das gilt ganz besonders im Gelände. Die Sicherheit hat Vorrang, und ein Kontrollverlust ist unbedingt zu vermeiden.

In der Herde bekommen alle Fohlen beizeiten Pferdebenehmen beigebracht.

> **INFO**

Begrenzt üben

Falls Sie keine Erfahrung darin haben, Ihr Pferd im freien Gelände zu trainieren, oder noch etwas unsicher sind, beginnen Sie auf einem geschlossenen Areal mit geländeähnlichen Verhältnissen, zum Beispiel auf einem Außenplatz, einer Koppel oder einem eingezäunten, abgesperrten Weg. So können Sie das Risiko stark minimieren.

Reizen und weichen

Konkret bedeutet das: Das Pferd muss lernen, sich auf ein Signal (Reiz) hin in die gewünschte Richtung zu bewegen. Wie das geht, kann man gut in der Pferdeherde beobachten. Das ranghöhere Tier sendet ein Signal und übt damit Druck auf das rangniederere Tier aus. Das rangniedere Tier reagiert – es weicht, bewegt sich –, und sofort erlischt das Signal des Ranghöheren; der Druck fällt weg. Dadurch ist eine fein abgestimmte, gut funktionierende Kommunikation möglich.

Der Mensch muss nun lernen, mit den Mitteln, die ihm zur Verfügung stehen, zu kommunizieren. Er kann mit Stimme, Händen, Strick, Gerte und körpersprachlichen Signalen Reiz und Druck auf das Pferd ausüben.

Kleine Signale

Um das Pferd in die gewünschte Richtung zu bewegen, muss sich der Mensch in der richtigen Position befinden. Außerdem sollte der Reiz nie länger als zwei bis drei Sekunden dauern. Ein zu langer Reiz verunsichert das Pferd, löst Widerstand, Verständnislosigkeit, Hektik und Verspannung aus. Gehen Sie lieber in kleinen Schritten vor. Das Pferd braucht zwischendurch Pausen, damit es das Gelernte verarbeiten und abspeichern kann, ohne seine Losgelassenheit zu verlieren. Es ist wie in der Musik: Auch hier gibt es Pausen zwischen den Noten.

Bei der Gymnastizierung an der Hand kann das Pferd, genau wie beim Reiten, nur das widerspiegeln, was der Mensch vorgibt. Sparsame und eindeutige Signale sowie souveräne, aufrechte und ruhige Bewegungen des Menschen sind erforderlich.

Die richtige Position

Zum Lenken des Pferdes muss der Mensch die wirksamste Führposition einnehmen. Wenn der Zweibeiner zum Beispiel vor dem Pferd steht, kann er es nur schwer vorwärts, aber gut rückwärts bewegen.

So kann man das Pferd am schwingenden oder kreisenden langen Strick vorwärts, seitwärts oder rückwärts schicken, also beispielsweise aus einer

Der Mensch steht auf Höhe der Pferdeschulter. Die rechte Hand führt den Zügel, die linke begrenzt mit dem äußeren Zügel und gibt treibende Impulse mit der Gerte.

Position schräg hinter der Kruppe nach vorn (Sicherheitsabstand einhalten!), aus einer seitlichen Position auf die andere Seite oder von vorn nach hinten.

Mit Trense und Gerte
Die Arbeit am langen Strick hat viele Vorteile, vor allem wenn es um die Klärung der Verhältnisse oder das Verladetraining geht. Dennoch möchte ich auf die klassische Arbeit mit Trense und Gerte eingehen, da sie gerade im Gelände sicherer und für das Reiten zielführend ist.

Beides – die Trense sowie die Gerte – muss dem Pferd vertraut sein und darf bei ihm kein Unbehagen auslösen. Ist diese Voraussetzung erfüllt, kann der Mensch damit vieles, was beim Reiten wichtig ist, vom Boden aus vorbereitend oder ergänzend üben: Stellung, Biegung, Annehmen, Nachgeben, Seitwärts in allen Varianten, Anlehnung, Untertreten, Vorwärts und Rückwärts – also eine große Palette von Aufgaben, die Mensch und Tier viel Spaß machen können, wenn man mit der richtigen Motivation und Sachkenntnis herangeht.

Elastizität und Leichtigkeit
Bevor ich etwas übe, muss ich vorher wissen, worin der Sinn der Übung besteht, und dazu benötige ich eine Vorstellung von den Bewegungsabläufen. Ich muss wissen, wie die Übung im Idealfall auszusehen hat.

Wenn es um die Leichtigkeit, Durchlässigkeit und Motivation des Pferdes geht, sind – wie bereits erwähnt – alle

Signale, die länger als zwei bis drei Sekunden dauern und reizen bzw. Druck verursachen, sehr kritisch zu sehen. Einen Dauerdruck verursacht zum Beispiel ein „zugeknallter" Sperrriemen. Wenn man ihn braucht, um das Gebiss zu fixieren, sind Überlegungen zu einem gut im Maul liegenden, sich seitlich begrenzenden Gebiss angebracht. Wenn man begriffen und erfühlt hat, wie man durch die Genickstellung das Maul lebendig machen kann, damit das Pferd das Gebiss annimmt, und einen Reflex zum Vorwärts-Abwärts auslösen kann, erübrigen sich alle Diskussionen über die Verwendung von Hilfszügeln, Sperrriemen oder Kandaren. Um ein lebendiges, weiches Maul zu bekommen und zu erhalten, bedarf es einer gefühlvollen und elastischen Hand, die im richtigen Moment annimmt, nachgibt und mitgeht.

Bevor wir jetzt konkret zur Gymnastizierung an der Hand kommen, möchte ich noch einmal betonen, dass die Sicherheit absoluten Vorrang hat. Das heißt, dass die Grunderziehung des Pferdes abgeschlossen sein muss. Das Pferd drängelt also nicht, reißt sich nicht los, lässt sich leicht am inneren Zügel führen und hat gelernt, ohne Angst auf Druck zu weichen.

Körperbeherrschung

Die Grunderziehung des Pferdes ist die eine Sache – die andere ist, dass der Mensch gelernt haben muss, seinen Körper zu beherrschen. Meiner Erfahrung nach haben viele Reitschüler ihre Hände nicht mehr unter Kontrolle, sobald sie sich auf etwas anderes konzentrieren sollen. Die Führhand ist bei der Bodenarbeit allerdings der wesentliche Bestandteil. Sie muss das Pferd kontrollieren, ihm Vertrauen vermitteln und ganz nebenbei durch Genickstellung und ein lebendiges Maul für Durchlässigkeit sorgen. Ein ganz schön hoher Anspruch!

Bei allem, was schwierig erscheint, empfehle ich Ihnen, sich in Ruhe Schritt für Schritt heranzutasten. Fangen wir mit den beiden Möglichkeiten an, die wir haben, um das Maul lebendig zu machen.

Jeder Reiz, den wir setzen, muss durchkommen und eine angemessene Reaktion bewirken.

Das lebendige Maul

Wir fassen den Zügel unmittelbar hinter dem Gebissring und heben das Gebiss elastisch und gefühlvoll in die Maulspalte, bis das Pferd das Maul leicht öffnet. Jetzt weich loslassen, und das Pferd wird sich das Gebiss mit der Zunge zurechtlegen. Je kürzer dieser Vorgang dauert, umso effektiver und verständnisvoller wirkt er auf das Pferd. Auch hier gilt das Prinzip: Reiz – Reaktion – Pause.

Ziel der Übung Eine abrufbare Möglichkeit, um das Pferdemaul weich und lebendig zu machen.

Der Reiter lernt Gefühl und Technik, um weich mit dem Pferdemaul zu kommunizieren.

Das Pferd lernt auf den Reiz des Gebisses nach oben das Maul „knacken" zu lassen und sich für die Kommunikation zu lösen.

Genickmobilisation

Ein weiches Maul erhalten Sie auch, indem Sie das Genick des Pferdes mobilisieren. Dazu führt die Hand hinter dem Trensenring die Nase des Pferdes seitwärts-rückwärts. Als Reaktion wird jetzt nicht nur ein aktives Maul erwartet, sondern auch ein Nachgeben im Genick: seitlich und vorwärts-abwärts.

Ziel der Übung Durch die Genickstellung wird die Ohrspeicheldrüse aktiviert. Diese regt den Speichelfluss an und sorgt für ein lebendiges, nachgiebiges Maul.

Es ist hilfreich für das Reiten und für die Lektionen an der Hand, wenn man das aktive und lebendige Maul und Genick nach Bedarf abrufen kann. Der Reiter benötigt die Übung, um die Kopf-Hals-Position zu verbessern, um das Pferd leicht und durchlässig am Zügel zu behalten, um es auf eine Parade vorzubereiten oder um es tiefer einzustellen.

Der Reiter lernt das Pferd durch Stellung und Biegung in die Dehnungshaltung zu bringen, Widerstände und Blockaden aufzulösen. Das Pferd nach innen zu stellen, ohne dass es nach innen läuft.

Hier wird das Nachgeben im Genick abgefragt.

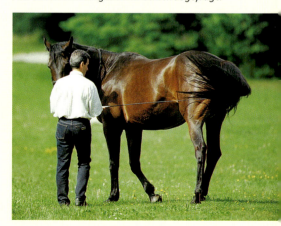

Stellung im Schritt

Nachdem wir uns mit der Maul- und Genickmobilisation im Stehen vertraut gemacht haben, beginnen wir die Übung im Schritt. Wir verfahren genauso wie bei der „Genickmobilisation an der Hand", nur dass unsere – mit der Gerte verlängerte – treibende Hand für den nötigen ruhigen Vorwärtsschritt sorgt. Vielen Pferden fällt die Genickstellung in der Bewegung deutlich schwerer als im Stehen, deshalb beginnt man mit leichter Stellung. Pferde mit Ganaschenproblemen können sich oft nur in tiefer Dehnungshaltung im Genick stellen.

Bei allen Übungen sollten wir an das Geraderichten denken. Geraderichten bedeutet, das Pferd beidhändig zu machen. Jedes Pferd hat eine mehr oder weniger stark ausgeprägte angeborene Schiefe. Dabei nimmt das eine Hinterbein mehr Last auf als das andere, das dafür mehr schiebt. Das führt unter Last zu verstärkter Schiefe und damit zum Verschleiß. Unsere Bemühungen sollten also darauf abzielen, dass sich das Pferd links und rechts gleichermaßen stellen lässt, damit ihm eine gleichmäßige Verteilung von Last und Schub ermöglicht wird.

Wollen wir diese Stellung bzw. Biegung im Geradeaus erreichen, benötigen wir außen eine natürliche Begrenzung, zum Beispiel eine Hecke, eine Baumreihe oder Ähnliches (keinen Elektrozaun!).

Das Pferd lernt sich loszulassen und an einem Zügel nachzugeben. Es lernt, durch die innere treibende Hilfe über die äußere Schulter zu weichen (das ist später unter dem Sattel wichtig, um saubere Ecken zu reiten und Zirkel zu erweitern) und sich vorwärts-abwärts zu dehnen.

> **INFO**
>
> **Wer das Genick und das Maul des Pferdes kontrollieren kann, kontrolliert das Pferd.**
> Natürlich kann man das Pferd auch durch Leckerli, Apfelstücke oder Ähnliches zum Kauen bringen, doch das hilft nicht bei der Ausbildung weiter.

Das Pferd soll übder die äußere Schulter weichen.

Ziel der Übung Mobilisation von Genick und Maul durch Stellung und Biegung in der Bewegung. Das ist der erste Schritt, um das Pferd an den Zügel zu stellen.

Der Reiter lernt das Pferd zu animieren, Bewegungsblockaden zu lösen, ohne dass die Vorwärtsbewegung aufgehalten wird.

Das Pferd lernt mit dem inneren Hinterbein unter die konkave Seite vorzutreten. Gleichzeitig am inneren Zügel leicht nachzugeben, sich stellen und biegen zu lassen, um später dem äußeren Zügel die Hauptaufgabe der begrenzenden Biegung und Anlehnung zu übertragen.

Geländevorteile Da das Loslassen von Genick, Unterkiefer und Hals in der Bewegung immer im Zusammenhang mit dem vortretenden Hinterbein steht, erreichen wir im Gelände durch mehr Vorwärtsdrang und Konzentration auf Bodenunebenheiten ein schnelleres Loslassen.

Führen

Unsere Einstiegslektion zum Positionieren und Schicken beginnt mit dem Führen in unterschiedlichen Geschwindigkeiten. Die ersten Übungen absolvieren wir

Es empfiehlt sich, das Pferd mal links und mal rechts zu führen.

in einem Gelände, das dem Pferd vertraut ist. Knotenhalfter, Stallhalfter mit Führkette oder Trense sind geeignete Hilfsmittel, um das Pferd zu führen.

Unsere Führposition liegt seitlich auf Höhe des Halses, zwischen Genick und Schulter des Pferdes. Wichtig ist, ohne Körperkontakt zu führen. Den richtigen Abstand haben wir, wenn wir mit gestrecktem Arm Kopf oder Hals des Pferdes berühren können. Zwanzig Zentimeter vom Knotenhalfter etc. entfernt, fassen wir den Führstrick oder Zügel. Beim Losgehen zupfen wir leicht nach vorn, damit das Pferd uns begleitet. Beim Zurückführen oder Halten zupfen wir leicht nach hinten und blockieren mit unserer freien äußeren Hand den Kopf des Pferdes vor den Augen oder etwas unterhalb davon. Beim Führen nach rechts (Führposition links) geben wir die gleichen Hilfen wie beim Zurückführen, nur dass unser Körper (Schulter nach rechts drehen) die neue Bewegungsrichtung vorgibt und das Zupfen nur nötig ist, wenn das Pferd drängt. Unsere Schulter steht stets im rechten Winkel zu der Linie, auf der das Pferd sich bewegen soll – beim Linksherumführen also entsprechend nach links gedreht. Das Pferd soll lernen, unseren Körperbewegungen mit so wenig Stricksignalen wie möglich zu folgen.

Wichtig ist, dass wir beim Losgehen, Halten oder Wenden immer genügend Entschlossenheit aufbringen, um unseren Leitanspruch zu untermauern. Das

Die Körpersprache des Menschen lässt den Mongolenhengst weichen.

lässt sich zu Beginn am besten mit Tempounterschieden im Schritt trainieren. Nach einer Eingewöhnungszeit können geübte Führer dann sogar Trab-Halt-Trab-Halt-Wechsel vornehmen. Dabei kann eine lange Touchiergerte oder Fahrpeitsche in der äußeren Hand die Vorwärtsbewegung unterstützen.

Touchieren Sie bitte nur leicht die Hinterhand! Bei Passivität der Peitsche zeigt die Spitze immer auf den Boden.

Ziel der Übung Erziehung des Pferdes und Klärung der Leitposition.

Der Reiter lernt Einfluss auf die Bewegungsrichtung und das Tempo des Pferdes zu nehmen. Sich körpersprachlich so zu verhalten, dass er das Pferd leicht und verständlich kontrollieren kann.

Das Pferd lernt den persönlichen Individualbereich des Menschen zu beachten. Sich auf Signale und Körpersprache des Menschen zu konzentrieren und darauf zu reagieren.

Geländevorteil Natürliche Gegebenheiten können eingebaut werden, zum Beispiel das Umrunden eines Baumes. Natürliche Reizeinflüsse sorgen für Gelassenheit. Die Übungen sind körperlich und seelisch anspruchsvoller.

Rückwärtsrichten

Rückwärtsrichten ist eine anspruchsvolle Aufgabe, da sie immer die geistige und körperliche Durchlässigkeit des Pferdes voraussetzt. Psychologischer Gehorsam und physische Machbarkeit gehen hier Hand in Hand. Entsprechend bewusst sollten wir an die Übung herangehen.

1. Möglichkeit: Der erste Schritt besteht darin, dem Pferd durch Druckimpulse vorsichtig den Weg nach hinten zu zeigen. Eine Möglichkeit dazu sehen wir auf dem unteren Bild: Ich stehe vor dem Pferd. Zangenförmig fassen meine Finger das Nasenbein und fordern das Pferd durch leichten Druck auf, nach hinten auszuweichen. Beim ersten Ansatz bzw. beim ersten Schritt wird der Druck sofort aufgehoben, und ich lobe das Pferd. Jetzt kann ich den Ablauf wiederholen, jeweils mit langen Pausen dazwischen, und allmählich mehrere Schritte verlangen.

Es erfordert viel Vertrauen, wenn die Signale direkt am Kopf gegeben werden.

Bei einem Pferd, das nicht gern rückwärts geht, beginnt man mit dem Fesselbeinreiz.

2. Möglichkeit: Einen Reiz zum Rückwärtsgehen kann man auch mit der Gerte am Fesselbein oder an der Brust des Pferdes erzeugen. (Wollen wir dem Pferd den spanischen Tritt beibringen, verbietet sich der Reiz an der Brust.) Dabei hat der Fesselbeinreiz den Vorteil, dass das Pferd von Anfang an keine Möglichkeit hat, mit dem Körper dagegenzuhalten, und sofort den Rücken aufwölbt. Halten Sie unbedingt immer das Prinzip Reiz – Reaktion – Pause ein und vermeiden Sie eine Überforderung. Hat das Pferd begriffen, dass es nach hinten weichen soll, und geht bereits mehrere Schritte rückwärts, kommen wir zu der 3. Möglichkeit, die für das Reiten zielführend ist.

3. Möglichkeit: Vor dem Pferd stehend führe ich das Trensengebiss mit beiden Händen etwas nach oben, um die Lebendigkeit des Mauls abzufragen. Sobald ich spüre, dass das Gebiss weich auf der Zunge liegt, führe ich das Pferd einen Schritt zurück. Pause, loben.

Danach folgt wieder die positive Verknüpfung durch Wiederholungen, dann fordere ich mehrere Tritte. Das Gebiss kann bei Bedarf durch leichtes Vibrieren im Maul locker gehalten werden.

Spielerisches Rückwärtsrichten am Gebiss.

Ziel der Übung Das Rückwärtsrichten ist eine Lektion, die sehr gewinnbringend ist. Dennoch würde ich sie in einer Trainingseinheit höchstens drei- bis fünfmal abfragen – in der Regel etwa eine Pferdelänge (gutes Vorwärtsreiten ist wichtiger als ständiges Rückwärts). Rückwärtsrichten setzt das Pferd auf die Hinterhand, wölbt den Rücken auf, sorgt für Durchlässigkeit und ist eine nützliche Korrekturlektion, zum Beispiel wenn das Pferd nicht stehen bleibt.

Der Reiter lernt Signale am Kopf des Pferdes zu geben, die eine leicht funktionierende Rückwärtsbewegung auslösen.

Das Pferd lernt sich entgegen seiner natürlichen Bewegung nach vorn (Fluchtrichtung) nach hinten zu bewegen. Sich auf die Hanken setzen zu lassen, bereit für mehr Lastaufnahme und Tragfähigkeit.

Geländevorteil Ruhiges Rückwärts im Gelände hat eine stärkere Kontrollfunktion. Das Ab- und Auffußen wird vom Pferd bewusster vollzogen, wenn es sich über Bodenunebenheiten etc. tastet. Um die Versammlung zu optimieren, bietet sich Rückwärtsrichten bergauf an.

Hier tritt das Pferd bereits schön zurück und wölbt dabei den Rücken auf.

Schaukel und Stehenbleiben

Wenn Führen und Rückwärtsrichten mit Leichtigkeit funktionieren, können wir anfangen, beide Übungen zu kombinieren, und daraus die Schaukel entwickeln: zum Beispiel zwei Pferdelängen vorwärts, Halt, eine Pferdelänge rückwärts, Pause und von vorn.

Im fortgeschrittenen Stadium kann man auch eine kleine Serie aus Vorwärts- und Rückwärtstritten verlangen (drei- bis fünfmal). Das Wichtigste dabei ist das Stehenbleiben zwischen den Übungen, damit Gelassenheit und Wohlbefinden nicht verloren gehen.

Ziel der Übung Koordination und Timing für Aktion, Reaktion, Pause. Gymnastizierung von Körper und Geist.

Der Reiter lernt das Pferd nach Belieben zu positionieren.

Das Pferd lernt sich voll auf den Menschen zu konzentrieren. Sekundengehorsam beim Vorwärts- und Rückwärtsgehen, um dann wieder entspannt stehen zu bleiben. Eine tolle Vorübung für das Verladen.

Geländevorteil Das Pferd erreicht mehr Bewegungsqualität, da es im Gelände seine Beine bewusster setzen muss.

Übertretenlassen

Mit dieser Übung erhalten wir eine Erweiterung der Genickmobilisation. Der Mensch befindet sich auf der inneren, konkaven Seite des Pferdes und steht mit seiner Vorderseite (Brust) der Schulter des Pferdes zugewandt. Eine Hand (Führhand) fasst den inneren Zügel hinter dem

Beim Übertretenlassen wird die Nachgiebigkeit abgefragt.

Trensenring elastisch weich und gibt die Stellung. Die mit der Gerte verlängerte treibende Hand sorgt für den Reiz, der die Reaktion des Vorwärts-Seitwärts-Übertretens der Hinterhand auslöst. Die Berührungsimpulse liegen zwischen Knie und Sprunggelenk des Pferdes.

Achtung: Die hochgehaltene vibrierende Gerte wirkt aktiv; die Gerte, die ruhig auf den Boden zeigt, wirkt passiv. Die treibende Gertenhand muss sich dem Temperament und der Sensibilität des

Pferdes anpassen. Wir geben auch hier immer nur so viele Signale wie unbedingt nötig.

Wir beginnen Schritt für Schritt, maximal eine Runde, dann gibt es eine Pause zum Nachdenken. Anschließend wird die Seite gewechselt, ebenso die führende und treibende Hand, sodass wir

Die Stute reagiert leicht auf die Hilfen.

das Pferd immer vor uns haben. Diese Übung dient als Einstiegslektion für die Seitwärtsverschiebungen. Das Zusammenspiel zwischen Führhand, treibender Hand und entsprechend mitgehender Körperposition des Menschen sorgt dafür, dass die Vorwärts-Seitwärts-Bewegung erhalten bleibt.

Ziel der Übung Hier geht es um ein Abfragen: Ist mein Pferd bereit, einem Seitwärtsdruck bzw. -reiz zu weichen?

Und bin ich in der Lage, Anfang, Ende und Tempo der Übung zu bestimmen? Sehen Sie diese Lektion als Abfragelektion und gestalten Sie sie entsprechend kurz, links wie rechts.

Der Reiter lernt das Pferd vorwärts-seitwärts zu positionieren und je nach Bedarf mehr oder weniger Hilfen zu geben.

Das Pferd lernt seitwärts zu gehen und die Beine auf beiden Händen zu kreuzen. Es lernt den Reiz der Gerte kennen und begreift, dass sie bei angemessener Reaktion passiver wird.

Schulterherein

Wir übernehmen mit unserer gertenführenden Hand den äußeren Zügel, der von außen über den Hals bzw. Widerrist nach innen läuft, in den Bereich, wo beim Reiten der innere Schenkel des Reiters platziert wird. Dabei bewegen wir uns auf Höhe der Sattellage des Pferdes und „schieben" das Pferd mithilfe feiner Impulse und unserer Präsenz vor uns her – zunächst auf gebogenen Linien, dann mit immer größerem Radius, bis wir letztlich in klassischer Schulterhereinmanier auch gerade Linien schaffen. Die gerten- und zügelführende Hand ersetzt den seitwärts treibenden inneren Schenkel des Reiters und ermöglicht durch den äußeren, die Biegung zulassenden, begrenzenden Zügel die Anlehnung. Für das Wohlbefinden im Maul und für die Stellung und Biegung des Pferdes ist das einfühlsame, bestimmende Zusammenspiel zwischen innerem und äußerem Zügel verantwortlich. Wenn wir zum Beispiel mehr Linksstellung sehen möchten, muss der rechte Zügel nachgeben.

Entzieht sich das Pferd der Biegung und weicht mit der Kruppe nach außen, benötigen wir eine äußere Begrenzung. Eine Hecke, Bäume oder ein Holzstapel können die Kruppe wunderbar begrenzen und ein Ausbrechen verhindern.

Schenkelweichen

Die Hilfengebung vom Boden aus entspricht der beim Schulterherein, jedoch wird beim Schenkelweichen auf die Biegung des Pferdes verzichtet und nur eine leichte Stellung verlangt. Der Schwerpunkt liegt auf dem Kreuzen der Vorder- und der Hinterbeine. So gesehen können wir hierbei auf die natürliche Begrenzung durch eine Hecke oder Ähnliches verzichten. Das hat den Vorteil, dass wir das Schenkelweichen überall im freien Gelände üben können.

Ziel der Übung Der Nutzen des schenkelweichähnlichen oder schulterhereinartigen Seitwärtsgehens liegt in der allgemeinen Gymnastizierung des

Das Pferd weicht ruhig und aufmerksam der Gerte.

ganzen Pferdes und in der Mobilisation der Hinterhand. Je mehr das Pferd übertritt, also die Beine kreuzt, desto weniger tritt es unter. Übertreten wird eher lösend oder als Gehorsamsschritt eingesetzt. Untertreten dient eher der Lastaufnahme, also dem Muskelaufbau, und bereitet das Pferd auf die zunehmende Versammlung vor. Da wir das Pferd links und rechts gleichermaßen trainieren, liefern wir einen positiven Beitrag zur Beidhändigkeit (Symmetrie, Geradheit). Ferner sorgen Stellung und Biegung für mehr Geschmeidigkeit und erleichtern die Dehnung (der Rücken wölbt sich auf).

Die Vorwärts-Seitwärts-Verschiebungen bereiten unser Pferd auf die Arbeit unter dem Sattel vor. Richtig ausgeführt bedeuten sie eine intellektuelle und körperliche Gymnastizierung.

Die inneren Hilfen kommen stärker durch …

… und sorgen für mehr Biegung und Dehnung.

Das Pferd lernt auf die diagonale Hilfengebung zu reagieren: Die innere Hand treibt an den äußeren, in Anlehnung stehenden Zügel. Symmetrisch zu werden durch den Wechsel von gerade und gebogen, auf beiden Händen.

Geländevorteil Die Konzentration des Pferdes auf den Menschen trotz Umweltreizen stärkt die Beziehung. Bodenunebenheiten und Höhenunterschiede sorgen für mehr Bereitschaft des Wechsels von Schub- und Tragkraft und verstärken die Gymnastizierung.

Abstellung Seitengänge mit mehr als 45° Abstellung lehne ich entschieden ab, weil sie keinen Nutzen für die Elastizität haben und die Gelenke belasten. Dementsprechend ist zu beachten, dass ein Seitengang im ersten Schritt immer vorwärts, im zweiten Schritt seitwärts

Der Reiter lernt ein Gefühl für das Wechselspiel zwischen Biegung und Geradeaus in Verbindung mit dem Vorwärts-Seitwärts zu bekommen. Des Weiteren kann er die Asymmetrie von Mensch und Tier erkennen, da er links und rechts Unterschiede in der Geschmeidigkeit, Biegsamkeit und im Handling feststellen wird. Oftmals geht es auf einer Seite besser.

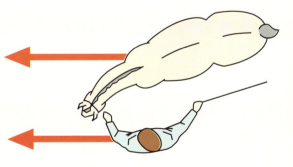

Das Pferd weicht der Gerte, während der Mensch in Schulterhöhe mitgeht und mithilfe des Zügels für Stellung sorgt.

Das Pferd wird vom Schenkelweichen mit Rechtsstellung auf Linksstellung umgestellt.

Das Pferd befindet sich nun in Traversstellung. Die Kruppe zeigt leicht nach innen.

erfolgt, also vorwärts – seitwärts – vorwärts – seitwärts usw. Bei Pferden, die noch unsicher in der Anlehnung sind, oder bei Reitern, die noch nicht das perfekte Gefühl für die Anlehnung haben, empfehle ich, die beschriebenen Übungen in der ersten Zeit mit langen Ausbindern durchzuführen, die auf Höhe des Buggelenkes links und rechts am Longiergurt oder am Sattel befestigt sind.

Bitte zeigen Sie sehr viel Gefühl und „Fairständnis" für Ihr Pferd. Um ein besseres Gespür für das Empfinden und die Form des Pferdes zu bekommen, schlage ich vor, das Pferd in verschiedenen Abstellungsformen auch mal vom ruhigen Schritt in den ruhigen Trab fallen zu lassen und umgekehrt.

Travers

Ist uns und unserem Pferd die konkave Seite über einen längeren Zeitraum vertraut geworden und hat durch Stellung, Biegung und Dehnung im Seitengang die Durchlässigkeit im Maul, Genick, Hals und in den Rippen Form angenommen, so können wir uns als versierte Pferdeleute der Gymnastizierung auf der konvexen (nach außen gewölbten) Seite zuwenden. Das Pferd geht in Traversstellung – wir stehen jetzt aus seiner Sicht außen. Die seitwärts treibende und stellunggebende Hand befindet sich in der Position des verwahrenden äußeren Schenkels beim Reiten. Die Hand hinter dem Trensenring hat nur noch begrenzende und feine Anlehnung vermittelnde Funktion.

Nun tritt der Schecke im Travers mit dem äußeren Hinterbein unter den Schwerpunkt.

Zwischen den Händen des Menschen kommt es quasi zu einem Rollentausch. Um die Übung zu starten, empfehle ich, das Pferd aus dem Schenkelweichen heraus mit dem Kopf allmählich in Bewegungsrichtung zu stellen. In der Umstellungsphase von Innen- zur Außenstellung ist entscheidend, wie fein das Pferd an unserer seitwärts treibenden Hand steht.

Gelingt es uns, schaut das Pferd in die gleiche Richtung, in die es geht. Für manche Pferde ist dieser Schritt nicht ganz einfach. Die Aufgabe ist neu und ungewohnt und die Muskulatur wird nun anders beansprucht. Allerdings hat die Übung einen hohen gymnastizierenden Nutzen.

Ziel der Übung Das Pferd fußt jetzt mit der äußeren Hinterhand gegen die Innenseite der Vorhand. Das Genick wird noch stärker mobilisiert (Innenstellung), beide Hinterbeine treten unter den Schwerpunkt. Das sind die Voraussetzungen, um zum Beispiel einen erhabenen Galopp zu erreichen. Meine Erfahrung mit zahlreichen Pferden hat gezeigt, dass es einen ganz engen Zusammenhang zwischen Travers und Galopp gibt. Die Qualität von beiden entscheidet über die Fähigkeit, Last auf das äußere Hinterbein aufzunehmen. Je besser das eine funktioniert, umso besser ist das andere und umgekehrt. Und beides sind Voraussetzungen, um eine Galopppirouette angehen zu können.

Der Reiter lernt dass die treibende Hand (Schenkelersatz) bestimmender sein muss als die stellende Hand. Wird der innere Zügel zu stark angenommen, läuft das Pferd nicht mehr flüssig vorwärts oder weicht mit der Kruppe aus und drängt gegen den Menschen. Das sollte aus Sicherheits- und psychologischen Gründen (Rangordnung) unbedingt vermieden werden.

Als ich das erste Mal Traversübungen durchgeführt habe, wurde mir sofort bewusst, welche bahnbrechende Möglichkeit mir zur Verfügung stand, um das Pferd noch geschmeidiger zu machen.

Auf der Bildfolge der vorherigen Seiten sehen Sie die verschieden starken Abstellungsmöglichkeiten. Auch hier gilt das Prinzip vom Kreuzen und Untertreten wie beim Schulterherein.

Das Pferd lernt seine Muskulatur und Gelenke anders zu beanspruchen und mehr Last in der Biegung aufzunehmen. Es bekommt eine Idee für die Hilfen beim Travers unter dem Sattel. Das Travers ist ein spiegelbildliches Renvers. Aus Travers wird auf diagonaler Linie die Traversale.

Travers von der konkaven Seite

Auf dem oberen Bild sehen Sie eine Möglichkeit, das Pferd von der sicheren Seite (konkav) zum Kruppeherein (Travers) zu bewegen. Wir brauchen dazu außen eine Bande oder eine natürliche Begrenzung. Durch leichtes Touchieren auf der Kruppe animieren wir das Pferd zum Vorwärts. In dem Maß, wie wir jetzt elastisch hinter dem inneren Trensenring die Vorwärtsbewegung reduzieren, weicht die Kruppe nach innen aus. Die Schwierigkeit dieser Übung liegt für das Pferd darin, dass es nicht von uns wegweichen kann, sondern mit der Kruppe in Richtung Mensch gehen soll. Das haben wir ihm bisher nicht gezeigt und auch nicht erlaubt. So gesehen ist diese Übung kein Muss, sondern einfach einen Versuch wert.

Beim Travers von der konkaven Seite wird das Pferd mit der Gerte in Richtung Mensch dirigiert.

Egal was Sie auch tun – das Pferd muss verstehen können, was von ihm erwartet wird. Beobachten Sie Ihr Pferd, ob es bei der Übung „schöner" wird und ob sich kurzfristig eine Verbesserung im Handling einstellt (weniger Reiz, mehr Leichtigkeit).

Reiter und Pferd lernen sich spielerisch aufeinander einzulassen, da es außer der natürlichen Begrenzung keine Möglichkeit gibt, das Pferd einzurahmen. Ist die Übung vertraut, gelingt sie ohne Begrenzung.

Geländevorteil Bei allen Seitengängen können Muskulatur und Balance des Pferdes noch stärker profitieren, wenn

> INFO

Das Reiz-Reaktions-Prinzip

Das Prinzip Reiz – Reaktion – Pause gilt auch und ganz besonders beim Training an der Hand.
Egal was wir mit dem Pferd machen – wir sollten uns als Ziel setzen, den Reiz (Druck) ständig zu verringern und die Reaktion noch leichter abzurufen.

Die Zügelhände wirken fühlend und bestimmend: fühlend, indem sie elastisch sind, das Gebiss anbieten und das Maul lebendig halten; bestimmend, indem sie die Richtung und das Tempo vorgeben – unterstützt von einer entsprechenden Körperhaltung, die dem Pferd die Richtung vorgibt. Müssen wir bestimmend durchgreifen, also Kraft einsetzen, ist es wichtig, dass dieser Krafteinsatz tatsächlich nur punktuell, also kurz ist.

Das Reiz-Reaktions-Prinzip sorgt dafür, dass das Pferd aufmerksam und motiviert mitarbeitet.

das Gelände es ermöglicht, das Pferd bei den Übungen kurzfristig vorn tiefer, also bergab zu stellen. Ein gesundes Pferd wird versuchen, sich auch mit den Hinterbeinen gegen das Gefälle zu stützen. Dadurch kommen die Hinterbeine den Vorderbeinen näher. Leichtes Hankenbeugen, Rückenaufwölben und höherer Anspruch an die Balance sind die Folge.

Aktive und passive Gerte Die treibende Hand mit der Gerte setzen wir nur so lange aktiv ein, bis das Pferd reagiert. Aktiv steht für lebendig. Die Hand gibt Impulse, die Gerte touchiert (nicht schlagen!), bis eine erste Reaktion erfolgt. Anschließend wird die Gerte sofort wieder passiv und zeigt zum Boden.

In der Piaffe richtet sich das Pferd auf, beugt die Hanken und tritt unter den Schwerpunkt.

Piaffe

Auch die Entwicklung der Piaffe funktioniert nach dem Prinzip Reiz – Reaktion – Pause. Zunächst muss das Pferd lernen, beim Touchieren das Hinterbein zu heben, ohne nach der Gerte zu schlagen. Anschließend werden beide Hinterbeine abwechselnd touchiert. Funktioniert das ohne Stress, bewegen wir uns langsam vorwärts.

Schulterherein und Schaukel

Durch das Schulterherein wird das jeweilige innere Hinterbein aktiviert: Es muss Last aufnehmen und tritt vermehrt unter den Schwerpunkt. Das Pferd wird geradegerichtet und versammelt.

Die Schaukel vekürzt durch das Vorwärts und rückwärts das Pferd und bringt es in Versammlung. Die Hinterbeine werden zum verstärkten Treten angeregt. Wenn beides gut funktioniert und das Pferd gelernt hat, auf leichtes Touchieren zu reagieren, werden die Übungen kombiniert: Wir fordern es zu einer dynamischen Schaukel auf und touchieren währenddessen die Hinterbeine. Dabei gestalten wir die beiden Übungen abwechselnd ruhig und dynamisch. Sobald das Pferd die ersten erhabenen Tritte zeigt, darf es stehen bleiben und wird ausgiebig gelobt und belohnt.

Die Piaffe ist nicht leicht und für Anfänger nicht geeignet. Wenn Sie es versuchen wollen, sollten Sie sich von einem erfahrenen Reiter helfen lassen.

Die Levade ist eine Übung, bei der das Pferd die Hanken maximal beugen muss.

Die Piaffe braucht Zeit
Manche Pferde lernen sehr schnell zu piaffieren, andere brauchen ein halbes Jahr. Geben Sie Ihrem Pferd Zeit. Die Frucht fällt, wenn sie reif ist. Mit Zeitdruck und Gewalt kommt man in der korrekten Pferdeausbildung nicht weiter.

Ziel der Übung Richtig ausgeführt verlagert die Piaffe in ruhiger Vorwärtsbewegung das Gewicht erheblich auf die Hinterhand. Die Bauchmuskulatur spannt sich an und der Rücken wölbt sich auf. Versammlung, Balance, Wendigkeit und Leichtigkeit werden verbessert. Diese Übung ist für das Pferd recht anstrengend, da es die Muskulatur der Hinterhand stark beansprucht.

Das Pferd lernt den Trabschwung nicht nach vorn, sondern nach oben herauszulassen. Dazu muss es sich maximal versammeln. Das ist der Grundstein zur hohen Schule.

Spanischer Schritt

Der Spanische Schritt ist eine klassische Reiz-Reaktion-Lektion. Da der Spanische Schritt die Vorhand (die Schulter) stärker ins Spiel bringt als die Hinterhand, wird empfohlen, damit zu warten, bis das Pferd gelernt hat, durch Seitengänge, gymnastizierendes und versammeltes Reiten beziehungsweise Bodenarbeit Last aufzunehmen. Die Hinterhand muss der Vorhand folgen können, damit der Rücken nicht durchhängt.

Erste Reaktionen auf die Gerte werden belohnt ...

... bis der Spanische Schritt ausdrucksstark ist.

Wie bei jeder neuen Aufgabe liegt die Schwierigkeit beim Spanischen Schritt darin, dem Pferd klar zu machen, was man eigentlich will. Es geht darum, einen „Knopf einzubauen", den man zunächst vom Boden und später vom Sattel aus drücken kann, um den Spanischen Schritt auszulösen. Dieser Knopf wird idealerweise an der Schulterspitze, also im Bugbereich installiert, denn von dort aus wird das Vorderbein nach vorne-oben gezogen. Außerdem kann man diesen Punkt vom Boden wie auch vom Sattel aus mit der Gertenspitze erreichen.

Zu Beginn versuchen wir, mit einem kitzelnden, leicht touchierenden Reiz mit der Gerte an der Schulterspitze oder im Bereich der Ellbogenbeuge beim stehenden Pferd eine Reaktion auszulösen. Wenn wir Glück haben, hebt das Pferd das entsprechende Bein, um das Kitzeln loszuwerden. Diesen kleinsten ersten Schritt loben wir überschwänglich.

Tut es uns den Gefallen nicht, müssen wir ihm die gewünschte Reaktion auf unseren Reiz zeigen. Dabei ist ein geschickter Helfer sehr nützlich. Mit einem weichen Seil um die Fesselbeuge hebt er beim Reiz der Gerte das entsprechende Vorderbein des Pferdes vorsichtig an. Loben Sie das Pferd beim kleinsten Erfolg. Gönnen Sie ihm eine kurze Pause, damit es das soeben Erlebte verinnerlichen kann.

Klappt die Übung im Stehen links und rechts, können wir uns mit dem Pferd in Bewegung setzen und versuchen es im Polkaschritt: drei Schritte vor, ein Schritt links-hoch, drei Schritte vor, ein Schritt rechts-hoch.

Ziel der Übung Diese Übung eignet sich hervorragend, um die Schulterfreiheit und die Vorderbeinaktion des Pferdes deutlich zu verbessern.

Sie kann auch im Trab ausgeführt werden und dem Pferd helfen, in die Passage zu kommen.

Der Reiter lernt das Reiz-Reaktions-Prinzip zu verfeinern und seine Hilfen gezielt und präzise einzusetzen.

Bis zu meinem ersten Spanischen Schritt war dieses Prinzip für mich beim Reiten eher ein Kann als ein Muss. Doch von da an hatte ich begriffen, dass ein längerer Reiz oder gar ein Dauerdruck keinen Sinn ergibt und nicht pferdegerecht ist.

Das Pferd lernt einmal mehr, auf eine ganz andere Art positiv auf die Gerte zu reagieren.

Geländevorteil Im Gelände kann man bei vielen Pferden beobachten, dass die Hinterhand der Vorhand leichter folgt als in der Bahn.

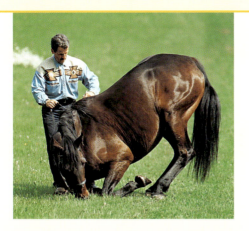

Hinlegen im Gelände

Mit dem Hinlegen des Pferdes möchte ich demonstrieren, dass im Gelände nahezu alles möglich ist, sofern eine natürliche und pferdegerechte Philosophie verwendet wird und Vertrauen zwischen Mensch und Pferd gegeben ist. Hinlegen im Gelände oder vor Publikum ist wohl der größte Vertrauensbeweis, den ein Fluchttier seinem Menschen gegenüber erbringen kann.

Bei dieser Übung muss das Pferd zuerst das Knien (oder Kompliment) beherrschen, bevor man ihm das Hinlegen beibringt. Diese Übung erfordert viel Geduld, Zeit und Lob, denn man kann sie nicht erzwingen. Das Pferd muss Vertrauen haben und mitmachen wollen.

Die Schritte Hinlegen, Liegenbleiben, zum Sitzen kommen und Aufstehen sollte das Pferd möglichst selbstständig und freiwillig machen.

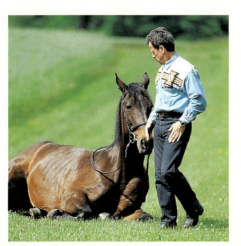

Lektionen unter dem Sattel

- Lektionen reiten 80
- Stillstehen beim Aufsitzen 80
- Das leichte Genick 82
- Das lebendige Maul 82
- Stellen im Schritt 84
- An die Hilfen stellen durch Stellung und Biegung 85
- Nachgiebigkeit durch Schenkeldruck 86
- Gassenarbeit 88
- Zielreiten 90
- Takttraining auf gebogenen Linien 90
- Cavaletti (Bodenricks) 92
- Paraden 94
- Übergänge von einer Gangart in die andere 95
- Zügel aus der Hand kauen lassen 96
- Tempounterschiede innerhalb einer Gangart 98
- Rückwärtsrichten 100
- Volten und Achten 102
- Achten im Galopp und einfacher Galoppwechsel 102
- Seitengänge 104
- Schenkelweichen 104
- Viereck verkleinern und vergrößern 106
- Schulterherein 108
- Kruppe herein (Travers) 110
- Seitengänge auf dem Zirkel 112
- Kurzkehrt 114
- Kehrtvolte in Traversstellung 116
- Traversale 117
- Seitengänge am Hang 118
- Schrittpausen 119
- Die Schaukel 120
- Fliegender Galoppwechsel 121
- Scheuen und Desensibilisierung 124
- Spanischer Schritt 129
- Zirkuslektionen 130
- Klettern für die Kondition 132

Lektionen reiten

Dieses Kapitel schließe ich ganz bewusst an die Lektionen an der Hand an, denn was das Pferd an der Hand gelernt hat, fällt ihm unter dem Sattel leichter. Der Reiter konnte die Formen und Bewegungsabläufe seines Pferdes in den verschiedenen Lektionen und Positionen beobachten und kennen lernen.

Am Anfang jedes pferdegerechten und konzeptionellen Reitens steht die Frage: Wie finde ich auf natürliche Weise optimalen Zugang zu meinem Pferd? Wir streben eine leichte Kommunikation ohne heftige Diskussionen und Gefahrenmomente an.

Doch nun rauf aufs Pferd und ab ins Gelände! Ich wünsche Ihnen viel Spaß beim Gymnastizieren!

Stillstehen beim Aufsitzen

Das Stillstehen beginnt schon beim Aufsitzen. Hier zeigt sich, dass unsere Arbeit an der Hand auch beim Reiten Früchte trägt, da unser Pferd gelernt hat, ruhig und abwartend stehen zu bleiben.

Wenn ein Pferd beim Aufsitzen nicht stehen bleibt, gibt es dafür aus meiner Sicht zwei Gründe: Entweder ist seine Grunderziehung noch nicht richtig abgeschlossen oder es fühlt sich durch etwas gestört. Folgende Störfaktoren sind denkbar: Unruhe bzw. Hektik des Reiters, eine beim Aufsitzen in die Seite des Pferdes piksende Stiefelspitze, Balanceverlust durch ruckartiges Aufsitzen, Herumfuchteln mit der Gerte oder unkontrolliertes In-den-Sattel-Plumpsen.

Ruhiges Stehenbleiben an der Aufstiegshilfe ermöglicht beiden ein angenehmes Aufsteigen ...

Mir persönlich ist es wichtig, dass ich mit durchhängenden Zügeln aufsteigen kann, während meine Pferde ruhig stehen bleiben, bis ich sie zum Losgehen auffordere – egal wie lange es dauert.

Das Aufsitzen ist der Beginn des Reitens, und so wie der Start fällt auch das gesamte Reiten aus. Mit Zügelgezerre beim Aufsteigen werden Losgelassenheit und Leichtigkeit von Anfang an infrage gestellt. Um den Start so angenehm wie möglich zu gestalten, empfehle ich daher unbedingt eine Aufsteigshilfe.

In der Ausbildungsphase des Pferdes ist es für eine gewisse Zeit in Ordnung, beim Aufsitzen beide Zügel leicht anstehen zu lassen. Sollte das Pferd nach Ausschluss aller Störfaktoren trotzdem loslaufen, darf man das nicht einfach hinnehmen.

Korrekturmaßnahmen beim Aufsteigen
> Durch Stellung im Genick behält man das Pferd leicht am Zügel – das Pferd spürt das und bleibt stehen. Deshalb nimmt man den äußeren Zügel beim Aufsteigen etwas kürzer.
> Man bricht das Aufsteigen ab und richtet vom Boden aus energisch rückwärts, zum Ausgangspunkt zurück. Dort beginnt man in Ruhe von vorn.

Korrekturmaßnahmen, wenn man bereits im Sattel sitzt
> Man „klingelt" am Zügel und stellt oder „flexioniert" das Pferd, um ein Vorwärts im Keim zu ersticken.
> Man richtet ein bis drei Tritte rückwärts und lässt es ruhig am Ausgangspunkt stehen.

… und wirkt sich positiv auf den gesamten Ritt …

… bis hin zum Absteigen aus.

Der Reiter lernt nicht nur störungsfrei aufzusteigen, sondern von Anfang an auf besonnene Weise seine Leitfunktion zu verdeutlichen.

Das Pferd lernt auf Kommandos zu warten und sich körperlich und seelisch auszubalancieren – eine Fähigkeit, die im Gelände unverzichtbar ist.

Das leichte Genick

Nach meinen Erfahrungen läuft der Zugang zum Pferd über das Genick. Je wirkungsvoller und leichter unser Einfluss auf das Genick des Pferdes ist, desto vielfältiger und einfacher sind unsere Kommunikationsmöglichkeiten vom Sattel aus. Ein enger Zusammenhang besteht zwischen Genick und Maul. Lässt sich das Pferd im Genick leicht stellen, ist das Maul aktiv und locker – und umgekehrt. Gleichzeitig ist es die wichtigste Voraussetzung dafür, dass das Hinterbein des Pferdes ungestört nach vorn schwingen kann, ohne blockiert zu werden.

Zugang zum Genick bedeutet jedoch nicht nur, dass das Pferd durch das Genick geht, sondern dass es sich auch links und rechts stellen lässt. Aufgrund der angeborenen Schiefe (Händigkeit) werden linke und rechte Seite fast immer unterschiedlich sein. Auf einer Seite fällt es dem Pferd deutlich leichter, sich stellen zu lassen. Unser Ziel ist die Symmetrie.

Stellung und Biegung erzeugen die Dehnungshaltung.

Das lebendige Maul

Nach demselben Prinzip wie beim lebendigen Maul an der Hand geht es darum, durch leichtes Verschieben des Gebisses (nach oben in den Maulwinkelbereich) das Maul zu lösen. Ich empfehle, diese Übung zuerst mit einer Hand zu beginnen.

Mit dem erhobenen Zügel führen wir das Gebiss elastisch in die Maulspalte. Die Hand bewegt sich senkrecht nach oben, bis das Maul aktiv reagiert, und kehrt dann in die Ausgangsposition zurück (Reiz – Reaktion – Nachgeben). Wie auf dem Foto oben links zu sehen ist, bleibt die innere rechte Hand auf der rechten Halsseite und wird nicht über den Widerrist, sondern nur ein bisschen nach oben geführt.

Das lebendige Maul | 83

Impulse mit der hohen Hand
> Mit einer Hand dient die Übung zum Lösen. Das Pferd wird dadurch animiert, den Hals fallen zu lassen und sich zu dehnen.
> Beidhändig kann sie bei Pferden angebracht sein, die auf falschem Weg zur Anlehnung gebracht wurden und daher tot im Maul sind. Unbedingt auch hier nur kurze Impulse geben und bei der kleinsten Reaktion in die Ausgangsposition zurückkehren.
> Der Pferdekopf darf nicht nach oben positioniert werden, weil das ein Absinken des Rückens zur Folge hätte.

Durch leichten Wadendruck gibt das ausgebildete Pferd nach und lässt den Hals fallen.

> **INFO**

Stellung Seitliches Abkippen im Genick und im Ganaschenbereich. Macht das Maul lebendig und leicht.

Biegung Gleichmäßiges seitliches Biegen von Hals und Pferdekörper. Richtet das Pferd gerade und setzt das innere Hinterbein unter den Schwerpunkt. Verstärktes Biegen im Hals unterstützt die Stellung und löst Muskelreflexe für das Vorwärts-Abwärts (Dehnung) aus.

Dehnung Aufwölbung des Rückens und des Halses, beginnend beim Vorwärts-Abwärts bis zur Piaffe.

Ziel der Übung Die Kommunikation mit dem Pferd beginnt am Kopf. Wenn der Kopf-Hals-Bereich losgelassen ist, bekommt der Reiter Zugang zum gesamten Pfedekörper.

Der Reiter lernt Gefühl und Technik, um vom Sattel aus mit einer abrufbaren, wiederholbaren Methode das Pferdemaul zu lösen.

Das Pferd lernt das Gebiss anzunehmen, weich im Maul zu werden, auf die Signale des Reiters zu hören und zu reagieren.

Stellen im Schritt

An der Hand haben wir schon erfühlt, welch große Wirkung diese einfache Übung haben kann. Vom Sattel aus erscheint es schwieriger, das Pferd daran zu hindern, nach innen zu drängen. Dazu müssen wir es mit Gewichtshilfen (Balance) und unserem inneren Bein auffordern, über die äußere Schulter nach außen zu gehen.

Auf den äußeren Zügel können wir bei dieser Übung völlig verzichten. Am inneren Zügel dürfen wir nicht einfach ständig ziehen, er sollte vielmehr bittenden Charakter haben und annehmend-nachgebend wirken. Unser äußeres Bein kontrolliert in verwahrender Position die Kruppe. Bricht das Pferd trotzdem mit der Hinterhand nach außen aus, müssen wir mit weniger Stellung beginnen. Nicht jedes Pferd hat die gleichen Möglichkeiten – es gilt, die individuellen Unterschiede zu beachten.

Außerdem sollten wir die Beidhändigkeit im Blick behalten. Die meisten Pferde lassen sich – entweder von Anfang an oder durch spätere Vernachlässigung des Geraderichtens verursacht – im Genick nicht auf beiden Seiten gleich gut stellen.

Ziel der Übung Grundsätzlich soll diese Aufgabe für eine beschwerdefreie Verbindung zwischen Kopf und Hals (Genick) und für eine Dehnung bzw. Biegung ins Vorwärts-Abwärts sorgen. Es ist wie mit dem Autoschlüssel: Man braucht ihn, um ins Auto hineinzukommen und es zu starten – mit dem Fahren selbst hat er wenig zu tun.

Das Pferd lernt Nachgiebigkeit am inneren Zügel fürs Vorwärts-Abwärts, ohne mit der Kruppe nach außen auszuweichen oder nach innen zu laufen.

Der Reiter lernt Gefühl und Technik für die Nachgiebigkeit. Das Pferd nicht am inneren Zügel zu lenken. Eine Aufforderungsmöglichkeit zum Dehnen.

Greifen wir das Thema Form nochmals auf (siehe S. 36): Die feine Anleh-

Dieses Pferd ist leicht nach rechts gestellt.

An die Hilfen stellen | 85

Befindet sich das Pferd in Dehnungshaltung, kann es im Schritt angeritten werden.

nung erfordert Nachgiebigkeit, und die erreichen wir am besten durch Stellung, Biegung und Dehnung.

An die Hilfen stellen durch Stellung und Biegung

Wir nehmen gefühlvoll den inneren Zügel an und lassen den äußeren Zügel, die Schulter öffnend, entsprechend lang. Sobald das Pferd im Maul aktiv wird und im Genick nachgibt, geben wir am inneren Zügel nach und treiben das Pferd mit dem inneren Bein an den äußeren Zügel. Der innere Zügel hält durch feines Annehmen und Nachgeben leichte Stellung, das Pferd „steht" am äußeren Zügel.

Dadurch lernen wir, das Pferd schwerpunktmäßig an einem Zügel zu reiten (nur in perfekten Momenten des Geradeausreitens oder bei Paraden stehen beide Zügel gleichermaßen an). Das ist der natürliche und pferdegerechte Weg, weil wir dem Pferd damit ein „Mitspracherecht" einräumen und das Gebiss als Kommunikationsmittel erhalten bleibt. Nicht pferdegerecht wäre, den Kopf des Pferdes durch Riegeln oder mit Schlaufzügeln nach unten zu ziehen. Für harmonisches Reiten ist es wichtig, dass sowohl Pferd als auch Reiter zufrieden sind und Freude haben. Das ist nicht zu erzielen, wenn Zwang angewendet wird.

Beginnen Sie im Stehen, wenn Sie versuchen, das Pferd auf diese Weise in Anlehnung beziehungsweise in das Vorwärts-Abwärts zu bekommen. Gehen Sie am besten spielerisch an die Sache heran. Wenn das Pferd bei den ersten Versuchen der diagonalen Hilfengebung (inneres Bein – äußerer Zügel) aus dem Stehen losläuft, reiten Sie einfach im ruhigen Schritt weiter. Gerade in der ruhigen Gangart kann das jeder lernen, der bereits ein Gefühl für das Pferdemaul entwickelt hat. Man muss nicht warten, bis man perfekt ist. Für diese Übung ist es nie zu früh.

Ziel der Übung Das Pferd hat vom Boden aus bereits gelernt, sich durch Stellung und Biegung loszulassen, die Dehnungshaltung einzunehmen. Nun lernt es diesen Prozess (Muskeldehnung

– Loslassen) in Verbindung mit den passiven bis aktiven Beinhilfen des Reiters kennen. Es begreift das Zusammenspiel von Zügel- und Schenkelhilfen auf spielerische, natürliche Weise.

Der Reiter lernt das Einzügelprinzip in Verbindung mit diagonaler Hilfengebung (inneres Bein – äußerer Zügel) kennen.

> **INFO**
>
> ### Stellung und Biegung
>
> *Stellung und Biegung sorgen für Dehnung auf natürliche Weise (Muskelreflex). Das Maß, das man am inneren Zügel an Stellung verlangt, muss man außen nachgeben (und umgekehrt).*
> *Feine, gefühlvolle, bestimmend forcierte Dehnung sorgt für Durchlässigkeit.*

Das Pferd lernt durch Stellung und Biegung im Ganaschenbereich und in der Rippe nachzugeben und auf den Schenkel des Reiters zu achten. Die treibende Schenkelhilfe gibt dem Pferd den nötigen Impuls, um mit dem inneren Hinterbein an den äußeren Zügel heranzutreten. Richtig geritten, lässt es den Hals fallen und wölbt den Rücken auf.

Nachgiebigkeit durch Schenkeldruck

Das Pferd steht, der Reiter sitzt ausbalanciert, die Zügel stehen leicht an und geben ganz leichten Druck auf das Gebiss (etwa 200 g, wie zwei Tafeln Schokolade). Mit vibrierenden Schenkelhilfen am Pferdebauch (umfassender und tiefer Sitz) wird die Bauchmuskulatur des Pferdes aktiviert. Sobald das Pferd im Genick nachgibt, liegen die Waden wieder ruhig am Bauch, und das Gewicht auf dem Zügel ist gleich null.

Gibt das Pferd nun im Hals nach, wird der Impuls der Waden dynamischer, um anzureiten. Unser Ziel ist es, den elastischen Spannungsbogen in allen Grundgangarten zu halten.

Ziel der Übung ist es, Nachgiebigkeit im ganzen Pferdekörper zu erlangen und den Spannungsbogen aufzubauen. Es ist die effektivste Art, das Pferd an die Hilfen zu stellen. Das Pferd kommt über Hinterhand, Rücken und Hals zum Nachgeben und steht ganz leicht am Gebiss. Das funktioniert jedoch nur, wenn es in vorausgegangenen Lektionen schon gelernt hat, im Hals nachzugeben.

Der Reiter lernt das Pferd leicht einzurahmen und die Übung immer wieder abzurufen, bis in die höchsten Lektionen. Er bekommt ein Gefühl für Versammlung.

> **INFO**

Der Spannungsbogen

Als Spannungsbogen bezeichnet man den aufgewölbten Hals und Rücken des Pferdes, der durch vorwärts treibende Hilfen entsteht. Er kann nur erzeugt werden, indem die Hinterhand des Pferdes aktiviert und das Pferd eingerahmt wird. Der Spannungsbogen muss gleichmäßig sein, ohne Knicke beziehungsweise Unterbrechungen. Der Spannungsbogen und der Takt sind die Basis für das Training unter dem Sattel.

Das Pferd lernt auch geradegerichtet nachzugeben (durch feinen beidseitigen Schenkeleinsatz). Die Bauchmuskulatur hebt den Rücken an, der Hals wölbt sich gleichmäßig. Es kommt im Idealfall zur ganzkörperlichen Anlehnung, indem die Hinterhand aktiviert wird.

Das Fünf-Punkte-Programm, um das Pferd an die Hilfen zu stellen
1. Durch Stellung und Biegung geht unser Pferd in Dehnungshaltung.
2. Durch diagonale Hilfengebung steht es am äußeren Zügel.
3. Das Ergebnis von Dehnung und Vorwärtsreiten ist ein natürliches Aufwölben von Rücken und Hals in Stellung und Biegung.
4. Das Pferd gibt im Stehen durch leichten, vibrierenden Wadendruck in völliger Geradheit im Genick nach und wölbt den Rücken auf.
5. Pferd und Reiter lernen durch wechselndes Zusammenspiel von Stellung, Biegung, Geraderichten und Dehnungshaltung in allen Gangarten und bei allen Hufschlagfiguren und Lektionen den elastischen und lebendigen Spannungsbogen zu halten, von leichten Übungen bis hin zu schweren Lektionen.

Die braune Stute schreitet zufrieden und dehnt sich vorwärts-abwärts.

Auch auf dem Boden liegende Stangen bilden aus Pferdesicht eine Gasse.

Gassenarbeit

Da wir beim Geländereiten mit dem Pferd immer mal wieder durch ein Nadelöhr oder eine Gasse müssen, ist es klug, diesen Anforderungsbereich gezielt im Training zu üben, um Vertrauen zwischen Pferd und Reiter aufzubauen.

Gassen aus Pferdesicht

Landmaschinen oder Reiter, die auf dem Hof herumstehen, der Pferdehänger oder der Untersuchungsstand des Tierarztes, Autos auf einem Parkplatz oder im Straßenverkehr, ein schmaler Weg oder eine Tür, gefällte Bäume am Wegrand usw. stellen für das Pferd eine Gasse dar.

Beispiele für Gassentraining

1) Legen Sie Sprungstangen in einem Abstand von 60–80 Zentimetern parallel nebeneinander auf den Boden. Nach der Gewöhnungsphase können mehrere Stangenpaare mit kleinen Zwischenräumen hintereinander oder auch mit einem 90°-Winkel ausgelegt werden.

2) Zwei Sprunghindernisse werden parallel nebeneinander aufgebaut. Die Gassenbreite (lichtes Maß) beträgt 1,00–1,20 Meter, die Hindernishöhe ist variabel, z. B. 1,20 Meter. Geht unser Pferd gelassen durch diese künstliche Gasse, kann man den Anspruch an das (Selbst-)Vertrauen erhöhen und über die beiden Hindernisse eine kleine Plastikplane hängen. Das sollte man allerdings erst tun, wenn das Pferd die Plane schon gut kennt und ohne Probleme darüber läuft.

Bei beiden Beispielen, ob auf den Boden gelegte Stangen oder Hinder-

nisgasse, empfehle ich mit dem Führen zu beginnen und erst im nächsten Schritt hindurchzureiten.
3) Auch aus Bodenricks, die in blaue Abdeckplane eingepackt sind, aus blauen Kunststofffässern oder rot-weißen Pylonen lassen sich wunderbare Gassen bauen. Ist der Abstand groß genug und hat das Pferd keine Angst davor, kann man im ruhigen Trab, bei den Pylonen auch im ruhigen Galopp durchreiten.

Ziel der Übung Je gelassener ein Pferd auf bestimmte Reize und Anforderungen reagiert, desto stressfreier ist das Miteinander für Mensch und Tier. Haben wir ein absolut gelassenes, geradegerichtetes Pferd, das z. B. locker in den Hänger geht, ist die Gassenarbeit eine nette Abwechslung. Richtig interessant wird die Sache jedoch bei schiefen oder ängstlichen Tieren. Mit ihnen muss man in aller Ruhe üben und das Training über eine große Zeitspanne vom Leichten zum Schweren aufbauen. Unser Pferd muss sich an alles, was wir mit ihm machen, erst gewöhnen dürfen. Außerdem soll in jeder kleinen Trainingseinheit ein Fortschritt erkennbar sein.

Das Gassentraining hat nicht nur den Vorteil, dass wir dem Pferd die Platzangst nehmen. Um sicher in die Gasse zu kommen, taxiert es mit den Augen. Durch das Taxieren zwischen linker und rechter Begrenzung werden die Nervenbahnen im Gehirn gleichermaßen links und rechts gereizt. Gerade bei den Bodenreizen im Schritt und Trab richtet sich das Pferd dadurch gerade und fußt regelmäßig ab.

Der Reiter lernt keine Angst vor Engpässen zu haben und das Pferd geradezurichten.

Das Pferd lernt sich in einem auf beiden Seiten begrenzten Raum koordiniert zu bewegen, den Wechsel zwischen weitem Gelände und Nadelöhr zu akzeptieren und seine physische und psychische Symmetrie zu verstärken.

Der Reiter schenkt dem Heuwagen zu viel Beachtung, so auch der Haflinger!

Zielreiten

In dieser Übung machen wir uns den Spaß, unsere Möglichkeiten im Geradeaus unter dem Sattel zu testen. So ist es z. B. erstaunlich schwierig, auf einem Feldweg längerfristig ohne Schwankungen auf dem Mittelstreifen zu bleiben, vor allem im Schritt.

Auf unserer Wiese können wir auch eines unserer Gassenhindernisse (z. B. zwei Pylonen) aus etwa fünfzig Meter Entfernung anvisieren – am Anfang im Schritt, dann im Trab und, wenn alles super klappt, auch im Galopp. Bei der Auswahl der Zielobjekte sind unserer Kreativität keine Grenzen gesetzt. Ob Baum, Busch, großer Stein oder Feldkante: wichtig ist, dass wir unser Ziel konzentriert im Auge behalten. So können wir ein Abweichen von der geraden Linie schon im Ansatz erkennen und rechtzeitig versuchen, dem Schwanken entgegenzuwirken.

Das kann man übrigens auch auf gebogenen Linien prima üben. Wir wählen z. B. einen Baum als Mittelpunkt und reiten in stets exakt gleichem Abstand im Kreis herum. Dabei muss sich der Reiter mit den Augen quasi am Baum „festbeißen", um eventuelle Abweichungen sofort zu erfassen.

Ziel der Übung Linientreues Reiten zu üben ist nicht nur für Springreiter wichtig, sondern eine Herausforderung an die gemeinsame Balance von Reiter und Pferd sowie an die Flexibilität der einrahmenden Hilfen.

Der Reiter lernt konzentriert auf einer Linie zu reiten. Reaktionsschnelligkeit, Intuition bzw. eine „Automatisierung" der ausgleichenden Hilfengebung.

Das Pferd lernt dass Schwanken nicht akzeptiert wird und dass seine ganzheitliche Geraderichtung auch da, wo es keine seitliche Begrenzung gibt, erwünscht ist.

Takttraining auf gebogenen Linien

Wir bewegen uns auf einem großen Außenplatz, einer Koppel oder Wiese, wo wir auf unterschiedlich großen Kreisbögen reiten. Um das Pferd und uns selbst mit den Gegebenheiten vertraut zu machen, beginnen wir in ruhigem und trotzdem fleißigem Schritt in feiner Anlehnung. Ein Zirkel von etwa zwanzig Meter Durchmesser und Volten von etwa sechs bis zehn Meter Durchmesser geben uns verschiedene Biegungen vor. Die seitliche Biegung der Wirbelsäule des Pferdes muss auf die Biegung des Kreisbogens eingestellt sein, den wir reiten.

So beginnen wir auf einfache Weise, das Pferd mit abwechselnd mehr oder weniger Biegung zu gymnastizieren –

Ein Galopp auf dem Zirkel hilft, Takt, Rhythmus und Balance zu üben.

und zwar auf beiden Händen. Haben wir nach der Lösungsphase im Schritt ein gutes Gefühl hinsichtlich Stellung, Biegung, Anlehnung und Kontrolle, können wir die gleiche Übung im Leichttraben fortsetzen. Achtung: Beim Handwechsel bitte das Umsitzen nicht vergessen, sodass wir immer auf dem stabilen inneren Hinterbein zum Sitzen kommen. (Das bedeutet: Wenn die äußere Schulter des Pferdes zurückgeht, sitzen wir ein.) Das Wichtigste bei dieser Übung ist die korrekte Biegung und dass der Takt erhalten bleibt, auch später im Galopp.

Probleme? Wird die Taktfrequenz zu hoch, begeben wir uns auf kleinere Kreisbögen (Volte) und/oder parieren zum Schritt durch.

Verlässt das Pferd die geplante Linienführung nach außen (bricht also über die äußere Schulter aus), verringern wir die Biegung und setzen unsere äußeren begrenzenden Hilfen bewusster ein.

Verlässt das Pferd die geplante Linienführung nach innen (fällt also auf die innere Schulter), verstärken wir die Biegung durch kurzzeitig verstärktes Vorwärtsreiten und Öffnen (Nachgeben) des äußeren Zügels. Dazu treiben wir vermehrt mit dem inneren Bein.

Diese beiden halten schön den Takt im Trab.

Ziel der Übung Das stete Takthalten stellt im Gelände viel höhere Ansprüche an Pferd und Reiter als in der Bahn, ist aber unabdingbar für die Kontrolle und die weiterführende Gymnastizierung. Nach der erlernten beständigen Anlehnung ist der Takt unser zweites Standbein für korrektes Reiten (auch im Gelände). Wer im offenen Gelände im Takt reiten kann, kann es überall.

Takt gibt unserem Partner Pferd absolute Sicherheit und erhält die Losgelassenheit.

Der Reiter lernt nicht nur für die Richtung, sondern auch für Tempo und Rhythmus verantwortlich zu sein.

Das Pferd lernt durch den zuverlässigen regelmäßigen Rhythmus Vertrauen zu seinem Reiter, zur Situation und den gestellten Aufgaben zu entwickeln. Den Takt zu halten.

Taktkontrolle

Ich empfehle – ganz besonders im Gelände –, beim Wechsel in eine höhere Gangart zunächst immer ein paar Takte auszusitzen, um den neuen Gang kontrolliert und mit niedriger Frequenz beginnen zu können.

Für zu eifrige Pferde: Kleine Kreisbögen machen das Pferd durch die Biegung ruhiger und durchlässiger.

Cavaletti (Bodenricks)

Cavalettiarbeit ist eine ausgezeichnete Übung, um den Takt zu trainieren. Das Pferd muss gleichmäßig abfußen, die Beine verstärkt anwinkeln und den Rücken aufwölben. Zudem muss es aufpassen, wo es hintritt.

Das Pferd fußt schön ab und dehnt sich vorwärts-abwärts...

Ziel der Übung Das Pferd richtet seine Augen auf die Cavalettis und nimmt die Nase nach unten. Durch das vermehrte Anwinkeln der Beine und die tiefe Nase wird der Rücken aufgewölbt. Dadurch kommt ein rhythmisches, taktmäßiges Abfußen (bei richtigem Abstand der Bodenricks) zustande. Durch die verstärkte körperliche Aktivität in gleicher Fußfolge und Takt werden die Muskeln für den entsprechenden Bewegungsablauf (Schritt, Trab oder Galopp) gekräftigt. Das Pferd muss hellwach und konzentriert sein, um jeweils passend hinzukommen. So gesehen trainieren wir hiermit nicht nur die Muskeln, sondern auch die Intelligenz.

... während die Reiterin gefühlvoll mitgeht und leicht entlastet.

In der Ruhe liegt die Kraft

Im Gelände sollte der Takt lieber etwas ruhiger gehalten werden als in der Bahn. Das gilt ganz besonders für die Cavalettiarbeit. Ruhiger Takt verlängert die Schwebephase und kräftigt die Muskulatur intensiver.

Das Pferd darf beim Anreiten (Taxieren) und beim Darüberfedern in keiner Weise gestört werden. Deshalb empfehle ich den Entlastungs- bzw. leichten Sitz mit feinem Zügelkontakt, der das Strecken von Kopf und Hals zulassen muss.

Die richtigen Maße

Die Abstände der Bodenricks sind von Größe und Gangmaß des Ponys oder Pferdes abhängig und betragen im Schritt ca. 0,70–0,80 Meter, im Trab ungefähr 1,10–1,30 Meter und im Galopp etwa 2,50–3,50 Meter. Gehen Sie hier bitte keine Kompromisse ein! Jedes Pferd muss seinen Rhythmus halten können. Die Höhe der Ricks kann bei 15–20 Zentimetern liegen.

Wir beginnen im Schritt mit zwei Cavalettis und steigern dann langsam auf vier. Wenn es in der niedrigen Gangart souverän klappt, gehen wir die nächsthöhere an. Reiter und Pferd dürfen nicht überfordert werden. Beide sollen mit gestärktem Selbstvertrauen aus der Cavalettiarbeit hervorgehen, keiner darf dabei Angst haben.

Der Reiter lernt die Balance im leichten Sitz zu halten und ein besseres Rhythmus- und Bewegungsgefühl zu bekommen.

Das Pferd lernt aufmerksam zu sein und sich durch verstärkte aktive Winkelung der Beine und schwingenden Rücken mehr loszulassen.

Paraden

Grundsätzlich gilt: Treibende Hilfen und Paraden sollten immer dem Bewegungsrhythmus des Pferdes angepasst und in Dauer und Intensität so knapp wie möglich gehalten sein. Normalerweise „atmen" unsere Waden am Pferdebauch; zum Vorwärts wird aus dem Atmen ein Vibrieren und Federn. Mehr Vorwärtsreaktion soll nicht durch verstärkten Krafteinsatz ausgelöst werden, sondern durch erhöhte Dynamik.

Die Parade ist der Schlüssel zur Kontrolle. Eine gute Parade kommt nicht aus der Hand, sondern aus dem Körper des Reiters: Dabei soll er im Rhythmus des Pferdes sitzen, sich groß machen und atmen. Ein bis drei Rhythmusbewegungen aus dem lockeren Becken des Reiters genügen, um das in Anlehnung gehende Pferd zurückzuführen. Denn das Bewegungszentrum des Reiters ist das Becken. Es soll nicht nur den Bewegungsfluss des

Das an den Hilfen stehende Pferd ...

Pferdes ungehindert durchlassen, sondern besitzt auch Kontrollfunktion, zum Beispiel bei der Parade. Bei jedem Vorfedern des Beckens in der Parade lässt der Reiter kurz die Zügel anstehen. Gleichzeitig federt die Wade am Pferdebauch und sorgt dadurch für die erforderliche Lastaufnahme der Hinterhand. Das Pferd ist von allen Seiten eingerahmt und hält an.

Geländevorteil Um ein Gefühl für die Paraden zu bekommen, empfehle ich Übergänge vom Schritt zum Halten, bergab auf leicht abschüssigem Gelände.

Ziel der Übung Geht das Pferd in Anlehnung und sitzt der Reiter locker ausbalanciert, kommt das Pferd bergab durch Paraden aus der Körpermitte ganz leicht zurück. Es muss durch das Bergab-

> **TIPP**
>
> ### In die Parade treiben
>
> *Die Unterschenkel des Reiters dürfen bei der Parade nicht nach vorn rutschen. Nur wenn sie am Pferdebauch liegen, können sie die Hinterhand gerade halten und zum geschlossenen Vortreten animieren.*

... wird bergab geritten ...

... und zum Halten durchpariert.

reiten ohnehin schon mehr Last mit der Hinterhand aufnehmen. Der Reiter sitzt durch die Bergabbewegung schon korrekt. Die feinen Druckintervalle auf dem Gebiss kommen so viel leichter durch als auf ebener Bahn.

Der Reiter lernt wie sich die Parade im Gelände bergab anfühlt. Dann geht es in der Bahn auch viel leichter. Mir ist in jahrzehntelanger Arbeit keine bessere Methode begegnet, um die Parade zu erfühlen.

Das Pferd lernt sich im Gelände durch stärkere Versammlung leichter kontrollieren zu lassen.

Die Parade lenkt die Aufmerksamkeit auf den Menschen, verbessert die Haltung und führt zurück.

Übergänge von einer Gangart in die andere

Im nächsten Schritt kombinieren wir die bisherigen drei Übungen (an die Hilfen stellen, Takttraining und Paradeübungen).

Analog zum Takttraining können wir auf gebogenen Linien mit Übergängen Schritt – Trab – Schritt – Trab usw. beginnen. Traben wir dabei leicht, müssen wir für die Schrittparade zum elastischen Aussitzen kommen. Gebogene Linien haben den Vorteil, dass sich das Pferd leicht in Anlehnung halten lässt (Dehnung durch Stellung und Biegung).

Gelingt uns die Anlehnung auch im Geradeaus, können wir die Übergänge wunderbar in einen Ausritt integrieren, zum Beispiel auf dem Waldweg bei Baum X Trab, bei Busch Y Schritt.

Eine tolle Variante für Fortgeschrittene: Trab, Schrittparade, Galopp, Trab und von vorn. Durch die Schrittparade (ohne anschließendes Schrittreiten) kommt das Pferd schön auf die Hinterhand, sodass ruhiges, versammeltes Galoppieren ganz leicht möglich ist – vorausgesetzt, das Pferd ist vom Alter und Ausbildungsstand her entsprechend ausbalanciert.

Schaffen wir es mit der Zeit, das Pferd im Galopp so zu verkürzen, dass wir langsamer als 10 km/h werden, können wir es direkt zum Schritt durchparieren. Haben wir mit dem Zurückführen zum Schritt Probleme, obwohl das Pferd ruhig und gesetzt galoppiert, kann es angebracht sein, es auf einer Wiese in der Volte zum Schritt durchzuparieren. So können wir dem Pferd auch leicht verständlich machen, was wir wollen. Es wäre falsch, auf der Geraden mit einer aggressiven Parade zu versuchen, dieses Ziel zu erreichen.

Der richtige Zeitpunkt
Überprüfen Sie vor jedem Übergang die Nachgiebigkeit im Genick und den Takt. Ist beides in Ordnung, wird die Durchlässigkeit verbessert und der Übergang fällt leichter.

Der Reiter lernt Übergänge und Gangarten zu verbessern. Die erlernten Lektionen aneinander zu reihen und zu kombinieren.

Das Pferd lernt bei den Übergängen rund zu bleiben, sodass der Wechsel der Gangarten über Hinterhand und Rücken ablaufen kann.

Zügel aus der Hand kauen lassen

Die Dehnungshaltung wird vom Pferd beherrscht, wenn es dem länger werdenden Zügel folgt, um auch in tiefer Position in Anlehnung zu bleiben. Beim Zügel-aus-der-Hand-kauen-Lassen beginnen wir mit dem in Anlehnung gehenden Pferd immer mit dem äußeren Zügel (im Geradeaus entscheiden wir uns für eine Seite). Durch das Vorfühlen mit einem Zügel (etwa fünf bis zehn Zentimeter) geben wir dem Pferd Genickstellung am inneren Zügel und fordern es auf, Kopf und Hals fallen zu lassen. Erst dann lassen wir beide Zügel langsam und gleichmäßig aus der Hand gleiten.

Durch entsprechende vorwärts treibende Hilfen sorgen wir dafür, dass das Pferd nicht auseinander fällt bzw. auf die Vorhand kommt. Wie immer üben wir zuerst im Schritt und – sind wir da erfolgreich – anschließend im Trab (Leichttraben).

Möchte das Pferd die Übung verkürzen oder uns die Zügel aus der Hand ziehen, lassen wir kurz eine oder beide Zügelfäuste stehen, treiben das Pferd nach vorn und geben wieder nach.

Zügel aus der Hand kauen lassen | 97

Ziel der Übung Dem Pferd wird physisch ermöglicht, sich über die gesamte Rücken- und Halsmuskulatur zu dehnen und zu entspannen. Tritt es dabei mit der Hinterhand deutlich vor, wird auf einfache Weise die tragende Muskulatur gefördert, das heißt, die Bauchmuskulatur wölbt den Rücken nach oben.

Losgelassenheit und Taktsicherheit werden durch das Wohlbefinden des Pferdes verinnerlicht.

Für den Reiter ist der aus der Hand gekaute Zügel auch ein Vertrauensbeweis, denn Losgelassenheit hat immer mit loslassen und Hingabe zu tun. Haben wir gelernt, das Pferd nach Belieben aufzunehmen (in Anlehnung von hinten nach vorn zu reiten) und – im Wechselspiel damit – die Zügel aus der Hand kauen zu lassen (Dehnungshaltung), und tun wir dies auch in regelmäßigen kurzen Intervallen, so bereitet es uns keine Probleme, unser Pferd losgelassen zu halten.

Geländevorteil Testen Sie auf abfallendem Gelände in Dehnungshaltung, ob Takt und Balance stimmen.

Der Reiter lernt dass der Zügel primär zur Formgebung da ist, nicht zum „Lenken" oder „Bremsen".

Das Pferd lernt Takt und Balance zu halten – bei unterschiedlicher Formgebung und unterschiedlichen Geländegegebenheiten.

Der braune Wallach trabt taktsicher in Dehnungshaltung und bekommt nach und nach die Zügel.

Tempounterschiede innerhalb einer Gangart

Schenkelgehorsam, mit dem man das Pferd zu mehr Schwung veranlassen kann, ist in der fortgeschrittenen Ausbildung unverzichtbar. Schwung ist immer mit einer aktiven Hinterhand verbunden. Verstärkte Hankenbeugung, verbunden mit der Rotation der Sprunggelenke – ellipsenförmig nach vorn (zum Beispiel im Mitteltrab) oder nach oben (z.B. bei der Piaffe) –, sorgen für mehr Schwung. Die Beine treten unter den Schwerpunkt, die Bauchmuskeln kommen zum Tragen, der Rücken wird aufgewölbt und beginnt zu schwingen. Das Nacken-Rücken-Band wird gedehnt. All dies kann man durch Tempounterschiede innerhalb einer Gangart erreichen und so mehr Elastizität des Pferdes erzielen.

Übungsaufbau Reiten Sie Tempounterschiede im Trab, abwechselnd auf gebogenen (Wiese) und geraden Linien (Waldweg). Dazu beginnen wir Arbeitstrab – auf der Basis von feiner Anlehnung und Takt – und schicken unser Pferd im Leichttraben durch vibrierende Unterschenkel nach vorn (die Gerte unterstützt bei Bedarf). Durch unseren gleich bleibenden Rhythmus und die Dehnungshaltung des Pferdes in leichter Anlehnung halten wir den Takt. Wir fordern mehr Raumgriff pro Tritt, zum Beispiel 1,40 statt 1,20 Meter, sodass sich die Tritte verlängern und der Arbeitstrab zum Mitteltrab wird. Dann führen wir das Pferd wieder zum Arbeitstrab, kommen zum Aussitzen und versuchen, das Tempo noch mehr zurückzuführen, um verkürzte, versammelte Tritte zu erhalten.

Der Fuchs trabt rund mit aktiver Hinterhand.

Die Reiterin nimmt ihn auf und versammelt ihn ...

Ziel der Übung Durch den Wechsel zwischen Schub nach vorn und Zurückführen erhöhen wir die Mobilität der Hinterhand und des Rückens. Die Vorhand wird entlastet, die Bewegungen erhabener. Aus der Kombination von verlängerten und verkürzten Tritten kann sich ein schöner Mitteltrab entwickeln.

Geländevorteil Wenn man auf Takt und Dehnungshaltung achtet, bieten viele Pferde beim Vorwärtsreiten, zum Beispiel auf einem Waldweg, durch ihren Vorwärtsdrang fast von selbst erweiterte Trabtritte an.

Steht uns eine Wiese mit leichter Hanglage zur Verfügung, können wir unsere Tempowechsel auf einer großen gebogenen Linie üben (Kreis von etwa zwanzig bis dreißig Meter Durchmesser).

… um anschließend die Tritte zu verlängern.

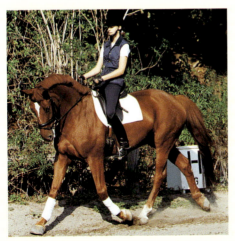

Bergauf muss das Pferd mit der Hinterhand kräftig schieben, bergab muss es mit der Hinterhand weiter vorgreifen, um Last aufzunehmen und sich auszubalancieren. Diese Tendenz zu mehr Schub und Lastaufnahme können wir noch verstärken, indem wir bergauf an Tempo zulegen und bergab deutlich reduzieren. Gleichzeitig wird das Pferd dazu erzogen, bergauf die Muskeln spielen zu lassen und bergab vorsichtig Last aufzunehmen, statt sich nach vorn auszubalancieren (wegzurennen).

Durch die Längsbiegung, häufige Handwechsel sowie zwischen Schub und Lastaufnahme entsteht ein ganzheitliches, effizientes Training.

Selbstverständlich sind solche Tempowechsel auch im Schritt und Galopp möglich. Priorität hat jedoch immer das Zurückführen (Kontrolle). Wenn ein Zurückführen nicht möglich ist, macht das Zulegen keinen Sinn.

Der Reiter lernt viele Hilfen richtig zu koordinieren (treiben, zurückführen, biegen, Takt, Dehnungshaltung). Mehr Einfluss auf die Hinterhand und den Bewegungsfluss des Pferdes zu bekommen.

Das Pferd lernt sich in verschiedenen Tempi und bei wechselnden Geländegegebenheiten auszubalancieren und dabei seine Hinterhand einzusetzen.

Rückwärtsrichten

Beim Rückwärtsrichten an der Hand haben wir bereits erfahren, wie gewinnbringend diese Lektion sein kann. Aus der Hankenbeugung und der Kopf-Hals-Position ergibt sich eine maximale Dehnung des Nacken-Rücken-Bandes und eine hohe Tragefunktion der Bauchmuskulatur.

Wir beginnen das Rückwärtsrichten unter dem Sattel erst, wenn das Pferd mit der optimalen Ausführung an der Hand vertraut ist. Unser Auftakt zum Rückwärtsrichten ist ein ruhig an den Hilfen stehendes Pferd. Durch unsere vorwärts treibenden Schenkelhilfen bringen oder halten wir das Pferd im Stehen in Anlehnung und Nachgiebigkeit. Im Moment der Nachgiebigkeit legen wir beide Unterschenkel in verwahrende Position hinter den Gurt. Durch unsere verwahrenden Unterschenkel fordern wir das Pferd auf, sich zu bewegen, und halten es gerade. In dem Moment, wo es nach vorn loslaufen möchte, versperren unsere durchhaltenden Zügelhilfen den Weg. Gleichzeitig öffnet unser entlastender Oberkörper den Weg nach hinten.

Am Anfang stellen wir nach ein bis zwei Tritten die Hilfengebung ein, nehmen den Grundsitz ein und loben das Pferd. Nach einer kleinen Pause beginnen wir noch mal von vorn: Zur positiven Konditionierung nochmals ein bis zwei

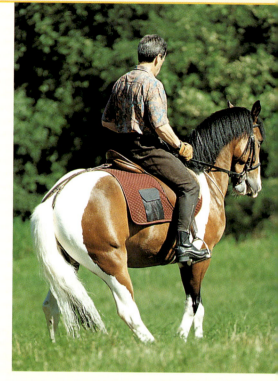

Der Schecke lässt sich bergauf rückwärtsrichten, zeigt aber, dass er an seine Grenzen kommt.

Tritte gerade rückwärts, dann loben und für heute gut sein lassen. Morgen wird weitergeübt. Ein kurzes, tretendes Rückwärtsrichten ist uns lieber als ein langes, zähes, mit den Hufen schleifendes.

Anfänglich wird jedes Pferd versuchen, auf der konkaven Seite (das ist die aufgrund der natürlichen Schiefe hohle Seite) mit der Hinterhand nach innen auszuweichen.

Je ausgeprägter die natürliche Schiefe ist, desto schwieriger wird es für das Pferd, gerade rückwärts zu treten und dabei Last aufzunehmen.

Korrekturmöglichkeiten

Tritt das Pferd schräg nach hinten, werden die verwahrenden Schenkel- und Zügelhilfen mit Innenstellung auf der konkaven (hohlen) Seite deutlicher eingesetzt als auf der gegenüberliegenden. Reicht diese einseitig verstärkte Hilfengebung nicht aus, benötigen wir auf der konkaven Seite eine Begrenzung. Holzzaun, Hecke o.Ä. können unsere einseitige Hilfengebung dabei unterstützen, das Pferd auf einer geraden Linie zu halten: Es ist im Körper gerade, nur im Genick gestellt, die Vorderbeine gehen in der Spur der Hinterbeine.

Grundsätzlich ist anzumerken, dass ein Pferd in Dehnungshaltung leicht zum Rückwärtstreten zu animieren ist, sobald es die Hilfen verstanden hat. Gegen die natürliche Schiefe kann man durch das Rückwärtsrichten nur bedingt angehen, sie wird im Vorwärts, auf gebogenen Linien und in Seitengängen korrigiert.

Ziel der Übung Die Übung ist immer eine grundsätzliche Anfrage an die Durchlässigkeit von Geist und Körper des Pferdes: Hat es die Übung verstanden, und ist es körperlich in der Lage, sie auszuführen? Akzeptiert es die damit verbundene gymnastizierende Anstrengung? Hat es in diesen Bereichen noch ein Problem, würde ich das Rückwärtsrichten zunächst an der Hand weiter festigen, um es dann später wieder unter dem Sattel zu versuchen. Richtig ausgeführt wirkt die Übung nicht nur lösend, sondern auch versammelnd und fördert ein koordiniertes Setzen der Beine.

Der Reiter lernt das Zusammenspiel der Hilfen für das Rückwärtsrichten. Die Idee, das Pferd gerade auf einer Linie zu halten, um es später auch auf gebogenen Linien ganz gezielt auf oder durch einen bestimmten Punkt zu führen.

Das Pferd lernt den Widerstand gegen das Rückwärtstreten abzubauen, gerades, gleichmäßiges Abfußen und sich zur Verfügung zu stellen.

Ein schönes Rückwärts, mit deutlichem Absenken der Kruppe und aufgewölbtem Rücken.

Volten und Achten

Alle Lektionen mit Biegung dienen der Geschmeidigkeit und dem Geraderichten. Eine Volte von sechs Metern, richtig geritten, fordert die maximale Rippenbiegung des Pferdes. Mehr ist aus anatomischen Gründen nicht möglich. Deshalb werden Volten nie kleiner geritten und natürlich nur, wenn das Pferd entsprechend vorbereitet ist. Es muss in der Gangart, in der man die Volte reiten möchte, ausbalanciert sein, also mindestens ansatzweise gelernt haben, in Selbsthaltung zu gehen. Dann kann man es langsam an die maximale Biegung heranführen.

Um die Biegung leicht und effizient auszuführen, muss der Reiter den so genannten Drehsitz (siehe Seite 40) einnehmen. Reitet man mit langem, leicht anstehendem Zügel einhändig Volten und Achten, kann man überprüfen, ob man den Drehsitz richtig ausführt. Obwohl beide Zügel gleich lang sind, wird sich das losgelassene Pferd unter unserem Drehsitz biegen und fast wie von selbst auf die neue Bewegungsrichtung einstellen.

Der Reiter lernt das Pferd vorherrschend durch seinen Körper und seine Beine anstatt mit den Zügeln zu lenken und zu biegen, also eine echte Biegung zu reiten. Im Aussitzen bekommt man einen elastischen Sitz und ein intensives

Auf der Volte tritt das Pferd mit dem inneren Hinterbein mehr unter den Schwerpunkt.

Gefühl für die Koordination der Pferdebeine, die sich den Bodenunebenheiten anpassen müssen und dies auch an den Pferderücken weitergeben.

Das Pferd lernt durch Geraderichten eine verbesserte Versammlungsfähigkeit.

Achten im Galopp und einfacher Galoppwechsel

Gelingt uns die Acht in korrekter Stellung und Biegung mit Leichtigkeit im Trab, können wir uns an den Galopp wagen. Da bei unserem Mittelpunkt X immer ein Handwechsel stattfindet, ist dies eine prima Gelegenheit, dem Pferd den einfachen Galoppwechsel über Galopp – Schritt – Galopp beizubringen. Der fliegende Wechsel verbietet sich, solange das Pferd den einfachen Wechsel nicht sicher beherrscht.

Übung Wir beginnen mit unserer Acht im Trab. Bei X unterbrechen wir den Trab jeweils mit einer Schrittparade. Ein bis drei Schritte, dann wieder energisches Antraben. Die korrekte Schrittparade in Verbindung mit Biegung und energischem Antraben bringt das Pferd schön auf die Hinterhand. Bei vielen Pferden habe ich schon erlebt, dass sie daraus wie von selbst auf dieser kleinen gebogenen Linie angaloppieren. Auf diesen Moment sollten wir warten, um das Pferd dann auf der halben Acht (Volte) ruhig und versammelt galoppieren zu lassen und bei X wieder zum Schritt durchzuparieren.

Zu Beginn können wir die eine Volte im Trab reiten, bei X wird zum Schritt durchpariert und die andere Volte im Galopp geritten. Kommt das Pferd aus dem Galopp leicht in den Schritt zurück, können wir die ganze Acht im versammelten Galopp reiten.

Ziel der Übung Die Übung ist eine einfache und effiziente Möglichkeit, das Pferd zu gymnastizieren. Trabschwung und Galoppsprung werden verbessert und somit mehr Versammlung erreicht.

Der Reiter lernt durch Biegung und Paraden das Pferd stärker zu versammeln.

Das Pferd lernt versammelt zu galoppieren, einfachen Galoppwechsel und sich mehr zu tragen.

Achtung, Bodenverhältnisse! Aus Sicherheitsgründen und um die Gesundheit unseres Pferdes zu schonen, achten wir auf gute Bodenverhältnisse. Ein nasser, tiefer, rutschiger Boden kann ebenso wie ein knochenharter trockener Untergrund mehr Schaden als Nutzen hervorbringen, gerade im Galopp.

Die Schritt-Parade aus dem Galopp...

...führt zur Aufrichtung und Versammlung.

Seitengänge

Ich gehe davon aus, dass das richtige Vorwärts- bzw. Geradereiten nicht näher beleuchtet werden muss. So wie man es in jedem Lehrbuch nachlesen kann, reiten Sie taktmäßig, in Anlehnung vorwärts/gerade – auch über Bodenunebenheiten, bergauf und bergab.

Hier soll nun vor allem auf die Seitengänge eingegangen werden, die im Gelände eher selten geritten werden.

Bei der Gymnastizierung an der Hand haben wir gelernt, dass sich – auf feine Signale hin – die Schulter des Pferdes nach innen und die Kruppe nach außen positionieren lässt (beim Schulterherein). Oder auch umgekehrt: Schulter nach außen, Kruppe herein (beim Travers). Seitengänge haben einen hohen gymnastizierenden Effekt. Sie leisten einen großen Beitrag zur Beidhändigkeit und lassen sich überall ausführen – ob im freien Gelände oder auf einem Waldweg. Solange wir Probleme haben, Seitengänge auf einer gedachten Linie zu reiten, nehmen wir eine natürliche Begrenzung zu Hilfe, um uns daran entlang zu bewegen (Hecke, Baumstamm etc.).

Die konkave Seite

Die innere (konkave) Seite ist die Seite, in die das Pferd gestellt und gebogen ist. Das innere Reiterbein ist lang, Absatz und Knie sind tief, das äußere Bein liegt verwahrend hinter dem Gurt. Die Biegung des Pferdes kommt aus dem Drehsitz des Reiters.

Schenkelweichen

Schenkelweichen ist eine Vorwärts-Seitwärts-Lektion mit maximal 45° Abstellung zur gedachten Linie. Das Pferd ist auf die dem Schenkel weichende Seite gestellt, im Körper gerade, und kreuzt mit dem inneren Vorder- und Hinterbein über das äußere. Es geht somit auf zwei Hufschlägen.

Abstellung

Das Pferd weicht dem inneren Schenkel, nicht dem Zügel. Die Abstellung darf auf keinen Fall mehr als 30 bis 45° betragen. Am Anfang üben wir „in Zeitlupe", Schritt für Schritt.

Das Pferd weicht dem linken Unterschenkel.

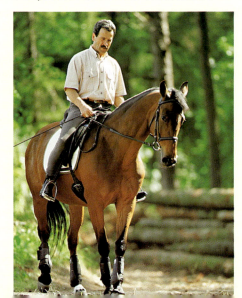

Schenkelweichen | 105

Das Schenkelweichen wird zur versammelnden Übung, wenn wir die Vorhand leicht bergab stellen.

Der Reiter sitzt mit gerade ausbalanciertem Oberkörper. Das treibende innere Bein ist lang und liegt mit der Vorderkante des Stiefels an der Hinterkante des Sattelgurtes. Das äußere Bein liegt in verwahrender Position mindestens eine Handbreit hinter dem Gurt. Ein weit verbreiteter grober Fehler des Reiters besteht darin, auf der inneren Seite des Pferdes tiefer einzusitzen, sodass der Oberkörper schief hängt.

Bei den ersten Schenkelweichversuchen nehmen wir eine Begrenzung zu Hilfe. Wir reiten schräg, etwa im 40°-Winkel, auf die Hecke, den Holzzaun, o. Ä. zu. Kurz vor der natürlichen Begrenzung nehmen wir das Pferd durch eine Parade etwas auf, beginnen mit unserem langen inneren Bein zu treiben und stellen es gleichzeitig auf die Seite des treibenden Beins. Dann fordert die treibende Wade das innere Hinterbein auf, in Richtung äußerer Zügel zu treten. Die diagonale Hilfengebung kommt zum Tragen.

Wir haben zwei Möglichkeiten, die treibende Wade einzusetzen: 1. Die vibrierende Wade fordert das Pferd auf zu weichen. 2. Die Wade treibt genau im Takt, wenn das innere Hinterbein abfußt.

Haben wir dieses Seitwärtsgehen auf zwei Hufschlägen gegen eine Begrenzung erfühlt, können wir auf dem Weg oder freien Feld weiterüben. Hier hat das Pferd mehr Vorwärtsdrang als beim Reiten gegen eine Begrenzung. Schaffen wir es, diese Vorwärtsbewegung am äußeren Zügel abzufangen, wird sofort die Anlehnung durch Nachgiebigkeit verbessert.

> **TIPP**

Schenkelweichen

Versuchen Sie das Schenkelweichen Schritt für Schritt, ganz in Ruhe und ohne Druck: Ein bis drei Schritte vorwärts-seitwärts, stehen lassen und Spannungsbogen bzw. Anlehnung überprüfen, wieder ein bis drei Schritte vorwärts-seitwärts, stehen lassen usw.

In den kurzen Pausen können wir analysieren, was wir gefühlt haben: Führen innere Wade und äußerer Zügel das Pferd seitwärts? Wie sieht es mit der Anlehnung aus, erreichen wir eine Formverbesserung? Können wir mit unserem inneren Zügel die Stellung halten und gleichzeitig bei jedem Schritt auch nachgeben? Kann der äußere Schenkel die Kruppe kontrollieren und vor zu viel Schrägstellung bewahren?

Immer wenn wir unsere Übungen allein machen, also ohne Korrektur durch einen Ausbilder, hängt der Erfolg davon ab, wie präzise wir unser Tun analysieren. Dazu benötigen wir eine Vorstellung vom idealen Ablauf der Bewegungen.

Ziel der Übung Schenkelweichen ist eine lösende und – in leichter Abstellung ausgeführt – auch leicht versammelnde und formverbessernde Übung, die Pferd und Reiter die Idee der Seitwärtsverschiebungen vermittelt.

Der Reiter lernt das Pferd zu treiben und den Schritt nicht vorwärts, sondern seitwärts herauszulassen, um zu erreichen, dass die Stellung des Pferdes und das lange innere Bein das Pferd zum Schenkelweichen animieren.

Das Pferd lernt auf Wunsch des Reiters diagonal zu treten.

Viereck verkleinern und vergrößern

Haben wir gelernt, unser Pferd nach Belieben auf zwei Hufschlägen mit 40° Abstellung zum geplanten Weg weichen zu lassen, ist die Grundlage für verschiedene Variationsmöglichkeiten geschaffen. Nun können wir während eines Ausrittes Viereck verkleinern und vergrößern üben, z. B. auf einem Wald- oder Feldweg. Obwohl wir im Gelände an kein Viereck gebunden sind, nennen wir diese Übung so, da sie völlig analog zur Bahn ausgeführt wird.

Normalerweise lassen wir unser Pferd beim entspannten Ausritt auf dem Waldweg am langen Zügel schreiten. Um unsere Übung erfolgreich durchführen zu können, muss das Pferd mit der Bereitschaft zur Nachgiebigkeit an den Hilfen stehen. Achtung: Der Weg muss frei sein!

Übungsbeispiel Wir reiten im Schritt am rechten Wegrand, stellen unser Pferd im Genick nach rechts und geben eine halbe Parade. Mit unserem langen rechten Bein fordern wir das rechte Hinterbein unseres Partners auf, in Richtung linker Zügel zu treten. Der innere (rechte) Zügel hält durch ständiges Annehmen und Nachgeben Stellung, bewahrt die Nachgiebigkeit und verhindert ein Festmachen im Maul.

Mit der diagonalen Hilfengebung beginnt die diagonale Überquerung des Weges. Dabei steht die Mittelachse des Pferdes ständig parallel zum Weg – unser verwahrendes äußeres Bein kontrolliert die Hinterhand entsprechend. Mit unserer Balance können wir dem Pferd – von außen unsichtbar – helfen, in die neue Bewegungsrichtung zu finden.

Auf der linken Wegseite angekommen reiten wir ein kurzes Stück geradeaus. Dann stellen wir das Pferd nach links, halbe Parade, das lange linke Reiterbein fordert das linke Hinterbein des Pferdes auf, in Richtung rechter Zügel zu treten, das verwahrende rechte Reiterbein kontrolliert wieder die Kruppe und hält sie gerade. Der innere (linke) Zügel hält durch Annehmen-Nachgeben Stellung. So überqueren wir den Waldweg diagonal von links nach rechts und nach Belieben wieder zurück.

Gelingt uns diese Übung mit Leichtigkeit im Schritt, dann darf sie auch im Trab gewagt werden.

Auf dem Waldweg weicht das Pferd dem Schenkel nach rechts ...

... und dem rechten Schenkel nach links im Zick-Zack.

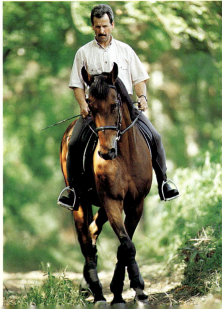

> **INFO**

Vorwärts vor Seitwärts

Je besser das Pferd am Unterschenkel des Reiters steht, umso weniger wird der innere Zügel benötigt. Insgesamt sollte bei dieser Vorwärts-seitwärts-Bewegung das Vorwärts vorherrschen. Durch die diagonale Hilfengebung kreuzen die Beinpaare des Pferdes stärker und ermöglichen eine vorgreifende Seitwärtsbewegung mit Nachgiebigkeit und Anlehnung am äußeren Zügel.

Bei allen Seitengängen, die parallel zur Wegführung geritten werden, geht die Schulter ein wenig vor der Kruppe (mindestens fünf Zentimeter).

Ziel der Übung Die Übung fördert den Schenkelgehorsam sowie die Koordination beim kreuzenden Beinesetzen und trägt zum Geraderichten bei. Außerdem bietet sie eine gute Möglichkeit, beim Ausritt gymnastizierend Gehorsam und Nachgiebigkeit abzufragen.

Der Reiter lernt ein Gefühl für die richtige Dosierung der Seitwärtshilfen zu bekommen. Die Hilfengebung ist immer die gleiche, nur die Dosierung von Gewichts-, Schenkel- und Zügelhilfen ist nach Bedarf zu gestalten. Damit wird das Spazierenreiten deutlich bereichert.

Das Pferd lernt mit dem inneren Hinterbein unter den Schwerpunkt zu treten. Schulterkontrolle (Zügel) und Kruppenkontrolle (Unterschenkel) im Seitwärts.

Schulterherein

Der wesentliche Unterschied zum Schenkelweichen besteht darin, dass das Pferd im Schulterherein nur mit geringer Abstellung (das innere Hinterbein fußt in die Spur des äußeren Vorderbeines) und Biegung geritten wird. Wer Volten in korrekter Anlehnung von Bein und Zügel in Biegung reiten kann und bei den Paraden ein Gefühl der Durchlässigkeit erlebt, hat die Basis für das Schulterherein erreicht. Es gibt verschiedene Möglichkeiten, mit der Lektion zu starten:

Schulterherein aus der Volte
Auf der Wiese können wir in einer Volte die erforderliche Biegung und unseren entsprechenden Drehsitz abrufen. Am Ende der Volte geben wir eine halbe Parade und beginnen mit der bekannten diagonalen Hilfengebung. Um die Biegung zu erhalten, ist es entscheidend, wie wir das Pferd zwischen den Beinen haben: Das äußere Bein sorgt für die Rippen-

Schulterherein | 109

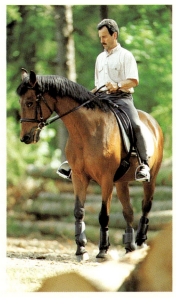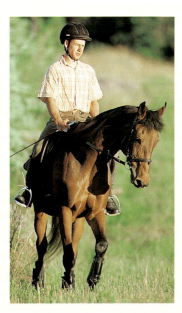

Beim Schulterherein bleibt die Hinterhand auf der gedachten Linie, während die Vorhand nach innen geführt wird. Dabei fußt das innere Hinterbein in die Spur des äußeren Vorderbeines.

biegung, das innere Bein für den nötigen Vortritt und den Erhalt der Gesamtbiegung; mit dem Oberkörper führen wir die Vorhand mit Innenstellung und Biegung.

Um die einseitige Versammlung zwischendurch zur Entspannung zu unterbrechen, reiten wir immer wieder Volten. Dabei bleiben Drehsitz und Biegung (die durch die diagonale Hilfengebung evtl. etwas flacher wird) bestehen.

Schulterherein aus der Stellung
Auf dem Waldweg haben wir meistens nicht die Möglichkeit, eine Sechs-bis-acht-Meter-Volte zu reiten. Deshalb entwickeln wir das Schulterherein aus dem Reiten in Stellung, das heißt, wir stellen das Pferd einfach auf der geraden Linie ein wenig nach innen – für Schulterherein links stellen wir das Pferd also nach links. Auch hier beginnen wir wieder mit einer halben Parade, an die sich die diagonale Hilfengebung von linkem Bein und rechtem Zügel anschließt, dabei nehmen wir den Drehsitz nach links ein (linke Schulter und rechtes Bein zurück). Hat das Pferd die Übung brav ausgeführt, loben wir es. Zur Erholung lassen wir die Zügel aus der Hand kauen und wechseln anschließend die Stellung nach rechts und reiten Schulterherein auf der rechten Hand.

Zügelführung und aktives Hinterbein

> Der innere Zügel ist für die Stellung, die Lebendigkeit des Mauls und die Nachgiebigkeit zuständig und nicht zum Führen des Pferdes. Deshalb muss er mit leichtem Annehmen und Nachgeben lebendig bleiben und hat keinen Kontakt zum Pferdehals. Achten Sie auf eine gerade Linie zwischen Ellbogen und Trensenring.

> Um Versammlung und Formverbesserung zu erreichen, muss das innere Hinterbein aktiv sein. Der Zügelkontakt entsteht aus der Bewegung von hinten nach vorn.

Ziel der Übung Schulterherein wirkt versammelnd – jeweils links und rechts und somit auch geraderichtend. Das Pferd wird symmetrischer und physisch wie psychisch besser ausbalanciert. In dem Maß, wie es dem Reiter gelingt, mit Technik, Impulsen und Balance zu reiten, wird das Pferd in den Seitengängen und darüber hinaus leichter zu reiten sein.

Der Reiter lernt auf gerader Linie mit der nötigen Hilfengebung das Pferd in Biegung zu reiten.

Das Pferd lernt williger an den äußeren Zügel zu treten. Die Koordination zwischen Lastaufnehmen hinten und Kreuzen vorn.

Kruppeherein (Travers)

Hat das Pferd an der Hand eine Vorstellung vom Kruppeherein entwickelt und beherrscht der Reiter den Drehsitz, so ist diese anspruchsvolle Übung unter dem Sattel kein allzu großes Kunststück mehr.

Es empfiehlt sich, mit dem Travers aus der Volte oder aus der Ecke (Viertelvolte), also aus der Biegung heraus zu beginnen. So ist das Pferd bereits gestellt und gebogen und der Reiter sitzt im Drehsitz. Nun können wir mit unserer halben Parade aus der Vorwärtsbewegung zur Seitwärtsverschiebung kommen.

Im Moment der Parade ist es angebracht, alle einrahmenden Hilfen einzusetzen (also Schenkel, Gesäß und Zügel).

Beim Travers schauen Reiter und Pferd in Bewegungsrichtung.

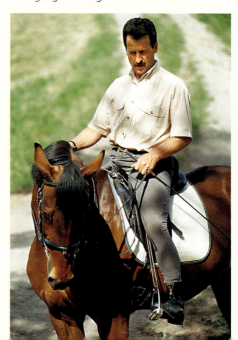

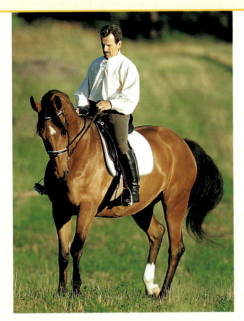

Travers in sehr starker Abstellung mobilisiert das Genick, doch das Pferd nimmt keine Last auf.

Danach kommt für einen Augenblick die diagonale Hilfengebung von äußerem Bein und innerem Zügel zum Einsatz, um dann mit beiden Beinen (äußeres seitwärts, inneres vorwärts treibend) das Pferd in Richtung äußerer Zügel treten zu lassen. Das Pferd ist jetzt mit der Vorhand auf die zu gehende Linie eingestellt und mit der Hinterhand um etwa zwanzig bis dreißig Zentimeter nach innen versetzt. Der Reiter bleibt im Drehsitz und das Pferd bleibt gestellt und gebogen.

Haben Reiter und Pferd das Travers aus der Volte oder Ecke gut erfühlt und genügend Erfahrung gesammelt, kann man es durchaus auch auf einem Waldweg probieren. Aus dem korrekten Geradeaus in Anlehnung leitet man mit Hilfe einer halber Parade, dem Drehsitz und dem treibenden inneren und verwahrenden äußeren Schenkel zum Travers ein.

Ziel der Übung Durch die Biegung gelangen beide Hinterbeine auf unterschiedliche Weise unter den Schwerpunkt. Das innere Hinterbein kommt durch die Biegung mehr nach vorn, das äußere muss über das innere nach vorn unter den Schwerpunkt kreuzen. Insbesondere durch die vermehrte Lastaufnahme des äußeren Hinterbeines werden die Möglichkeiten des Pferdes im Galopp verbessert. So hatte ich schon junge Pferde in Ausbildung, die mit fünf bis sechs Jahren noch große Probleme mit der Balance im Galopp zeigten. Als sie dann Seitengänge, vor allem Travers, gelernt und geübt hatten, konnten sie auf einmal gesetzt und ruhig galoppieren – eine Grundvoraussetzung, um sich im Gelände auch im Galopp risikofrei bewegen zu können.

Der Reiter lernt das Pferd in Bewegungsrichtung gestellt und gebogen zu reiten, also im Seitengang dahin zu reiten, wo man hinschaut.

Das Pferd lernt mit beiden Hinterbeinen auf unterschiedliche Weise unter den Schwerpunkt zu treten. Erhöhte Nachgiebigkeit im Genick.

Seitengänge auf dem Zirkel

Haben wir gelernt, die beschriebenen Seitengänge ohne Zuhilfenahme einer natürlichen Begrenzung wie Busch oder Wegrand auszuführen, können diese Lektionen auch auf gebogenen Linien geübt werden. Dabei bewegen wir uns auf unserer Wiese im Schritt auf einem großen Kreisbogen.

Wichtig ist, dass Pferd und Reiter nicht – aus einem Missverständnis oder übermäßigem Ehrgeiz heraus – überfordert werden. Bitte gehen Sie davon aus, dass die Seitwärtsverschiebungen nicht gleich auf dem gesamten Kreisbogen durchgeführt werden können. Wenn sie auf fünf Metern des Bogens korrekt gelingen, ist das viel wertvoller als ein Gemurkse auf zwanzig Metern Länge. Schließlich geht es uns um Leichtigkeit und Harmonie.

Auch hier würde ich mit unserer Seitwärtseinstiegslektion, dem Schenkelweichen, beginnen. Sehr interessant ist es zum Beispiel, auf dem Kreisbogen links herum mal den rechten, mal den linken Schenkel weichen zu lassen. Die Vorhand bleibt jeweils auf der Kreislinie, nur die Kruppe ist beim linken Schenkelweichen außerhalb und beim rechten Schenkelweichen innerhalb der Zirkellinie. Selbstverständlich wird das Gleiche auch auf der rechten Hand geübt. Und auch hier auf einem Kreisbogen.

Das Pferd geht hier beim Travers auf zwei Hufschlägen.

Haben wir das Schenkelweichen auf dem Kreis gefestigt, sodass es leicht und ohne große „Diskussionen" abläuft, können wir dasselbe in Biegung machen. Wir reiten nun Schulterherein und Travers auf der gedachten Zirkellinie. Durch die Linienführung entsteht aus dem Kruppeheraus ein Schulterherein und aus dem Kruppeherein ein Travers. Übungsvorschlag: Auf der Kreislinie als Basis reiten wir im ständigen Wechsel Volte, Schulterherein, Volte, Travers usw.

Leichtes Travers (Kruppeherein) auf der Zirkellinie mobilisiert die Hinterhand.

und kommt so zu mehr Lastaufnahme. Das führt zur vermehrten Durchlässigkeit, Aufrichtung und Versammlung.

Der Reiter lernt das Pferd nicht nur abwechselnd links und rechts weichen zu lassen, sondern dieses auch einmal in Bewegungsrichtung gestellt (Travers) und einmal über die nach außen gebogene, konvexe Seite (Schulterherein) gehen zu lassen. Des Weiteren lernt er, die Pferdeschulter und die Kruppe zu kontrollieren und zu mobilisieren.

Das Pferd lernt seine Hinterhand durch den Reiter nach Belieben positionieren zu lassen. Sich auch im Gelände und trotz Reizen aus der Umgebung auf den Reiter zu konzentrieren.

Ziel der Übung Der Wechsel zwischen Kruppeheraus und Kruppeherein sorgt für enorme Mobilität der Hinterhand. Außerhalb der Kreislinie muss die Hinterhand mehr Strecke zurücklegen als die Vorhand, weil sie sich auf einem größeren Kreisbogen bewegt. Dadurch wird sie zu mehr Aktivität und Fleiß angeregt.

Kommt die Kruppe bei einem Travers in die Kreislinie, bewegt sich die Hinterhand auf einem kleineren Radius als die Vorhand, legt also weniger Weg zurück

> **TIPP**
>
> ## Höhere Gangarten
>
> *Gelingen uns Schulterherein und Travers auf dem Zirkel sicher im Schritt, können sie auch im ruhigen Trab geübt werden. Profis können die Übung mit gut ausgebildeten, vorbereiteten Pferden auch im Galopp durchführen. Wichtig ist, zwischendurch immer wieder Entspannungsphasen im Schritt am langen Zügel einzulegen.*

Kurzkehrt

Der Moment des Kurzkehrts ist mit dem Schenkelweichen auf dem Zirkel mit Außenstellung vergleichbar, die Kruppe wird nach innen geführt. Weil diese Übung jedoch auf einem ganz kleinen Kreis durchgeführt wird, müssen die aufnehmenden und treibenden Hilfen noch viel präziser zusammenspielen.

Übungsbeispiel Wir befinden uns auf einem Waldweg von 2,5 Meter Breite. Durch ein bis zwei Schenkelweichübungen haben wir unser Pferd auf Seitwärtsverschiebungen vorbereitet. Auf der rechten Seite des Weges reitend, stellen wir das Pferd im Genick rechts, geben eine deutlich aufnehmende halbe Parade und beginnen schenkelweichartig mit dem rechten Unterschenkel und beiden Zügeln die Vorhand im kleinen Kreis um die Hinterhand zu führen, bis wir uns um 180° gedreht haben, also in die andere Richtung schauen. Wir reiten – nun am linken Wegrand – zurück und machen irgendwann ein Kurzkehrt in Linksstellung nach rechts, um dann in die ursprüngliche Richtung weiterzureiten.

Das Kurzkehrt darf nicht mit der Hinterhandwendung verwechselt werden, da es eine Wendung ist, bei der alle Beine des Pferdes in Bewegung sind. Es gibt bei dieser Übung kein ruhendes Bein. Um die Hinterbeine lebendig zu halten,

Beim Kurzkehrt wird die Vorhand des Pferdes kreisförmig um die Hinterhand geführt...

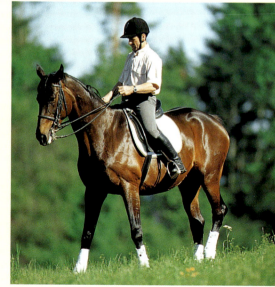

drehen wir das Pferd nicht mit der Hinterhand auf der Stelle, sondern bewegen sie auf einem kleinen Kreis von etwa einem Meter Durchmesser, wobei die Vorhand parallel auf einem Kreis von etwa 1,8 Meter Durchmesser mitzieht.

Da die Hinterhand durch den kleineren Kreis und das verstärkte Kreuzen der Vorderbeine sehr viel Last aufnimmt, kann es geschehen, dass der Bewegungsfluss zu ersticken droht und das Pferd nach innen fällt. Das gilt es durch dynamisches Vorwärtstreiben mit beiden Unterschenkeln und gegebenenfalls der Gerte zu verhindern. Stockt der Bewegungsfluss, reitet man zwei Schritte geradeaus und führt dann die Übung fort.

Ziel der Übung Kurzkehrt lässt sich überall ausführen. Gut gemacht setzt es das Pferd auf die Hanken, lässt es im Widerrist wachsen und sich in der Kruppe zu mehr Lastaufnahme bewegen, da es die Hinterbeine unter den Körper setzen und dabei weitertreten muss.

Der Reiter lernt das Pferd im Vorwärts-Seitwärts auf kleinem Kreis in Versammlung zu wenden. Er bekommt ein Gefühl für die Schrittpirouette.

Das Pferd lernt kurz zu treten und dabei die Beine seitwärts zu kreuzen. Einmal mehr auf eine andere Art Last aufzunehmen.

… während die Hinterbeine Last aufnehmen und aktiv weitertreten, ohne stehen zu bleiben.

Kehrtvolte in Traversstellung

Die ersten Übungen für diese Lektion sollte man groß anlegen: eine Kehrtvolte von etwa acht bis zehn Metern Durchmesser. Eine Wegkreuzung oder eine Waldlichtung wäre ideal, doch ist die Übung grundsätzlich überall durchführbar, wo genügend Platz ist.

Haben wir einen geeigneten Ort ausfindig gemacht, können wir das Pferd am langen Zügel mit dem Platz und der geplanten Linienführung vertraut machen. An die Hilfen gestellt beginnen wir dann auf gerader Linie im Schritt Travers zu reiten. Um das Pferd von der geraden auf die gebogene Linie zu bringen, setzen wir kurzzeitig unsere Balance, den äußeren Zügel nach innen führend und unseren äußeren Schenkel dynamischer nach innen treibend, ein. Auf der Kehrtvolte behalten wir das Travers bei, bis wir wieder auf unserer geraden Ausgangslinie angekommen sind.

Ziel der Übung Diese Übung lässt das Pferd – in Bewegungsrichtung gestellt und gebogen – auf gebogener Linienführung vorwärts-seitwärts gehend optimal unter den Schwerpunkt treten. Außerdem trainiert sie das Übertreten in starker Versammlung. Sie ist eine gute Vorübung für die Traversale.

Der Reiter lernt dass das verwahrende äußere Bein nicht nur begrenzende Funktion hat, sondern auch ein aktives Vorwärts fordern kann.

Der Reiter und das Pferd lernen sich in idealer Weise auf die Traversale vorzubereiten. Gefühl für Schenkel- und Zügelführung auch für die folgende Lektion.

Balance zur inneren Seite

Ein häufiger Fehler des Reiters besteht darin, außen tiefer einzusitzen und das Pferd in die neue Bewegungsrichtung drücken zu wollen. Doch nicht das Drücken, sondern das Führen mit Balance ist der Trick der Übung.

Reiter und Pferd schauen bei der Kehrtvolte in Traversstellung in die zu reitende Richtung.

Diese beiden reiten eine sehr schöne Kehrtvolte in Traversstellung, die in einer Traversale ausklingt.

Traversale

Mit der Traversale haben wir die Krönung der Seitengänge erreicht. Diese Übung wird auf gerader diagonaler Linie auf zwei Hufschlägen im Vorwärts-Seitwärts parallel zur Ausgangslinie geritten. Dabei sollten wir vorwärts reitend etwa doppelt so viel Strecke zurücklegen wie seitwärts, z. B. zehn Meter vorwärts, fünf Meter seitwärts.

Das Pferd ist in Bewegungsrichtung gleichmäßig gestellt und gebogen. Der Reiter sitzt wieder im Drehsitz und schaut über die Bewegungslinie voraus auf den Zielpunkt. Wichtig ist, dass die Vorhand der Hinterhand immer ein klein wenig voraus ist.

Übungsbeispiel Am rechten Wegrand beginnen wir in Linksstellung Schulterherein links zu reiten. So ist das Pferd schon gebogen und mit der Vorhand auf die Diagonale eingestellt. Eine halbe Parade leitet die Richtungsänderung ein. Die Hilfen, die wir beim Travers auf gerader und gebogener Linie erfühlt haben, kommen zum Einsatz. Das verwahrende Bein nimmt die Kruppe mit. Der Pferdekörper bleibt nahezu parallel zu unserem Weg, nur die Schulter kommt dadurch, dass das Pferd auf die Bewegungsrichtung eingestellt ist, etwa zehn Zentimeter vor der Kruppe am linken Wegrand an. Dort angekommen traversieren wir nach rechts zurück.

Ziel der Übung Die Traversale zeigt, wie weit wir mit unseren Bemühungen, das Pferd durch Seitengänge zu mehr Geschmeidigkeit und Versammlung zu bringen, gekommen sind. Da die Traversale auf gerader diagonaler Linie kaum zur Steigerung der Versammlung beiträgt, lebt sie als Lektion von den vorbereitenden Seitengängen und versammelnden Übungen. Je nachdem, wie erfolgreich diese durchgeführt werden, ist sie kadenziert, versammelt, ausdrucksstark, leicht oder auch nicht. Als Spiegel der Trainingsarbeit wird sie deshalb gern als Vorführlektion verwendet.

Die richtig gerittene Galopptraversale kann ein gutes Mittel sein, einen gleichmäßig nach oben durchgesprungenen fliegenden Galoppwechsel zu erreichen. Das Pferd muss in der Galopptraversale auf dem äußeren Hinterbein Last aufnehmen. Der fliegende Wechsel wird zum Spiel und als Befreiung aus dem anstrengenden Seitengang empfunden.

Der Reiter lernt auf diagonaler Linie auf zwei Hufschlägen am Zielpunkt anzukommen und dabei die Stellung, Biegung und die Vorwärtsbewegung zu erhalten.

Das Pferd lernt die schwierigste Übung auf zwei Hufschlägen flüssig und leicht auszuführen.

Seitengänge am Hang

Indem wir auf geneigtem Untergrund reiten – eine Situation, die nur im Gelände möglich ist –, verändern wir die Winkelung der Beine unseres Pferdes zur Körperachse. Seitengänge wie Schenkelweichen, Schulterherein oder Travers mit etwas tiefer gestellter Vorhand verkleinern den Winkel der Hinterhand. So erreichen wir ganz leicht eine vermehrte Hankenbeugung beziehungsweise Versammlung.

Linksbiegung im Schulterherein ...

Ein unbefestigter Grasweg in Hanglage ist gut geeignet. Er gibt uns eine Linie vor, an der wir uns in 30 bis 45° Abstellung entlanghangeln können. Durch die Tieferstellung der Vorhand bringen wir das Pferd vermehrt auf die Hinterhand, da es versuchen wird, sich der jeweiligen Situation entsprechend auszubalancieren. Außerdem bietet der Grasweg in den seltensten Fällen ein ebenes Terrain. Die Unebenheiten fordern unser Pferd zu vorsichtigem Auf- und Abfußen auf.

... und Linksbiegung im Travers am Hang.

Ziel der Übung Am Hang können wir unser Pferd während des Ausritts auf sehr profitable, einfache Art vorwärts-seitwärts gymnastizieren.

Der Reiter lernt eine neue Sichtweise für Geländegegebenheiten zu entwickeln. Verbessertes Sitzgefühl, da ihm der Pferderücken auf doppelte Weise entgegenkommt – zum einen durch leichte Höherstellung der Kruppe, zum anderen durch die Versammlung.

Das Pferd lernt sich in vom Gelände verlangter Versammlung (Anstrengung) vorwärts-seitwärts verschieben zu lassen. Trittsicherheit in Seitengängen.

Schrittpausen

Natürlich sind Schrittpausen keine eigentliche Übung – aber sie sind mindestens genauso wichtig wie richtige Lektionen. Gerade im Gelände, wo Sicherheit und absolute Gelassenheit oberste Priorität haben, ist die Losgelassenheit durch Entspannungs- und Regenerationszeiten zu erhalten.

Zur Schrittpause gehört der lange Zügel. Das Pferd muss die Nase so tief nehmen können, wie es möchte. Pause heißt, es gibt keine aktiven, zum Beispiel treibenden Schenkelhilfen. Je weniger wir jetzt mit treibenden Beinen einwirken, umso wirkungsvoller ist diese Hilfe dann,

„Mach mal eine Pause!"

Die Schaukel

Die Schaukel hat ihren Namen von der Vorwärts-rückwärts-vorwärts-rückwärts-Bewegung. Das Rückwärtsrichten ist die Basis dafür. Bei der Form (Kopf-Hals-Position und gerades Zurücktreten) dürfen wir keine Kompromisse eingehen. Deshalb fragen wir durch Stellung immer wieder die Nachgiebigkeit im Genick ab und erhalten durch Beinimpulse den lebendigen Spannungsbogen des Nacken-Rücken-Bandes. Formverbesserung und Leichtigkeit sind unser Ziel.

Übungsbeispiel Wir reiten in tiefer Kopf-Hals-Haltung eine Pferdelänge (3,5 Tritte) rückwärts, wobei wir mit am Pferdebauch zurückgenommenen begrenzenden Beinen die Kruppe auf der Linie halten. Dann zwei bis drei Pferdelängen vorwärts, dabei leicht die Zügel aus der Hand kauen lassen, und halten. Hier bauen wir den Spannungsbogen wieder durch leichtes Annehmen der Zügel und sanften Druck mit der Wade auf. Ist das Pferd korrekt eingestellt, entlasten wir unseren Sitz (wird mit der Zeit minimiert bis zum unsichtbaren Entlasten) und führen das Pferd mit durchhaltenden Zügelhilfen zurück. Danach wieder dreieinhalb Tritte vorwärts reiten, Zügel nachgeben usw.

Fällt uns dieses Spiel von Vorwärts und Rückwärts im Schritt leicht, können

wenn sie wieder zum Einsatz kommt. Viele Probleme in der Reiterei entstehen, weil viele Reiter nicht an Pausen denken und ihr Pferd durch ständige Wiederholungen langweilen oder überfordern. Schrittpausen sind auch für die Regeneration der Muskulatur notwendig.

wir nach dem ruhigen, gesetzten Rückwärts direkt antraben oder angaloppieren. Am Anfang empfiehlt es sich, eine gewisse Strecke zu traben bzw. zu galoppieren und dabei leicht die Zügel aus der Hand kauen zu lassen. In sehr fortgeschrittenem Stadium ist die Schaukel auch im Trab oder Galopp möglich. Dies sollte jedoch nicht öfter als zwei- bis dreimal pro Tag verlangt werden, da es durch extreme Versammlung sehr anstrengend ist. Schon manches Pferd hat durch die Trabschaukel unter dem Reiter zur Piaffe gefunden oder im Galopp auf die hohe Versammlung bzw. die Pirouette hingearbeitet.

Ziel der Übung Die Schaukel ist eine Kombination aus Rückwärtsrichten und Anreiten. Sie sensibilisiert für Druckimpulse vorwärts und rückwärts und fördert die Durchlässigkeit, Versammlung, Koordination und Kontrolle.

Der Reiter lernt das Pferd unter sich zum harmonischen Tanzen zu bringen. Dass Vorwärts und Rückwärts ein Miteinander und kein Gegeneinander sind.

Das Pferd lernt die Balance zwischen vorwärts und rückwärts zu finden und die aus dem Rückwärts gewonnene Versammlung mit ins Vorwärts zu nehmen.

Fliegender Galoppwechsel

Wie alle anspruchsvollen Lektionen muss auch diese gut vorbereitet werden. Dabei ist es wichtig zu wissen, welcher Typ das Pferd ist. Es gibt Typen, denen fällt der fliegende Wechsel leichter als der Kontergalopp, und umgekehrt.

Habe ich den Anspruch, einen „ehrlichen" fliegenden Wechsel zu reiten, begnüge ich mich nicht mit dem Umspringen bei Richtungswechseln. Das zeigen viele Pferde von sich aus. Als echter fliegender Wechsel gilt nur der Wechsel auf der Geraden und aus dem Außengalopp.

Beispiel für eine sinnvolle Vorbereitung auf den über den Rücken gesprungenen Galoppwechsel sind: versammelter Galopp, einfache Wechsel in kurzen Intervallen, aus dem Rückwärtsrichten angaloppieren, Seitengänge, speziell Renvers, Travers im Schritt, Trab und Galopp, Galoppvolten, Tempounterschiede im Galopp.

Geländevorteil Grundsätzlich ist ein fliegender Wechsel im Moment des Absprungs wie ein erneutes Angaloppieren zu reiten. Der ideale Ort, um im Gelände zu üben, ist eine leichte Hangwiese, die im unteren Bereich geschlossen ist. Hecke, Zaun oder Baumreihe als optische Bremse sind von Vorteil. Der Boden sollte leicht elastisch, aber nicht feucht oder gar rutschig sein.

Das Pferd galoppiert auf der linken Hand und ist dabei gestellt und gebogen.

An der offenen Zirkelseite wird es vorsichtig gerade gerichtet.

Übungsbeispiel Das Pferd kennt die Verhältnisse auf der Übungswiese. Es ist längst erwachsen und durch systematisches Training (s. o.) optimal vorbereitet.

Wir beginnen auf großen gebogenen Linien mit dem einfachen Galoppwechsel – große gebogene Linien, damit wir uns bei X im Moment des Wechsels auf einer relativ geraden Linie befinden. Wichtig ist, dass wir auf X zu, also vor dem Wechsel, immer bergab reiten. Wir parieren das Pferd aus dem versammelten Galopp zum Schritt durch. Am Anfang legen wir etwa ein bis zwei Pferdelängen Schritt ein, bevor wir auf der anderen Hand neu angaloppieren. Je vertrauter Pferd und Reiter mit der Übung sind, desto kürzer gestalten wir die Schrittphase. Wir nehmen uns Zeit, um den einfachen Wechsel zu üben, bis ein Schritt reicht, um neu anzugaloppieren. Ob wir das in einer halben Stunde schaffen oder nach einem halben Jahr, ist unwichtig. Wichtig ist dagegen, dass wir erst dann beginnen, den fliegenden Wechsel zu üben, wenn Pferd und Reiter so weit sind.

Anstelle der Schrittparade sitzen wir im Moment eines neuen Galoppsprungs um und galoppieren neu an. Dabei erbitten wir den Wechsel mit so wenig Druck

In die Schwebephase hinein kommt die Hilfe für den fliegenden Wechsel.

Anschließend galoppieren die beiden auf der rechten Hand weiter.

wie möglich. Wichtig ist, dass der Reiter nur minimal das Gewicht verlagert und nicht versucht, das Pferd „umzuwerfen". Anfangs beenden wir die Trainingseinheit nach ein bis zwei gelungenen Wechseln und loben das Pferd überschwänglich.

Ziel der Übung Durch das Bergab-Galoppieren wird die Schwebephase etwas verlängert. Das Pferd hat dadurch mehr Zeit, seine Beine beim Umspringen zu sortieren. Deshalb und weil es im Gelände von sich aus mehr nach vorn springt, gelingt das Durchspringen von Anfang an besser als in der Bahn. Über den Rücken gesprungen gymnastiziert der Wechsel außer dem Rücken selbst auch das gesamte Nacken-Rücken-Band und die Bauchmuskulatur.

Der Reiter lernt im Galopp neu anzugaloppieren. Den richtigen Moment der Hilfengebung zu erfühlen, denn das Pferd kann den Wechsel nur in der Schwebephase springen. Der Impuls muss also gezielt gesetzt werden.

Das Pferd lernt eine Lektion, die es bereits von Natur aus kann, vom Reiter abrufen zu lassen.

Scheuen und Desensibilisierung

Ein gesundes Fluchttier muss aus seinem Überlebenstrieb heraus immer aufmerksam und fluchtbereit sein. Wie rasch ein Pferd flieht, hängt von seinem Selbstbewusstsein, seiner seelischen und körperlichen Gesamtverfassung sowie seinem Vertrauen zum Leittier bzw. zur Leitperson ab.

Dazu kommt, dass Pferde Reaktionstiere sind: Werden sie erschreckt, reagieren sie zunächst und schauen erst danach, was eigentlich passiert ist.

Wenn wir die Natur des Pferdes verstehen, werden wir es bei einem Erschrecken niemals bestrafen, aber auch auf keinen Fall loben („trösten"). Bei einem schreckhaften Pferd ist der Hebel beim (Selbst-)Bewusstsein, bei der Gesamtverfassung und seinem Vertrauen zu uns anzusetzen.

Das Pferd muss lernen, sich statt auf seinen Fluchttrieb mehr und mehr auf seinen Reiter zu verlassen. Das geht nur über ein Konzept im Umgang und beim Reiten, das bestimmte gewohnte Verhaltensweisen abrufbar macht und dem Pferd Sicherheit vermittelt.

Zur Verfassung ist zu sagen, dass ein Hungerhaken oder ein dickes, unausgelastetes Tier immer unausgeglichener sein wird als ein gymnastiziertes in gutem Futterzustand.

Wege zur Angstbewältigung

1) Wir müssen dem Pferd eine Chance geben, angsteinflößende Gegenstände kennen zu lernen, daran zu riechen, sie zu hören, zu erleben und so zu entdecken, dass sie ungefährlich werden. Das heißt, wir nehmen uns die Zeit, unser Pferd zum Beispiel an einem mit einer Plane abgedeckten Holzstapel oder an einer erschreckend großen Landmaschine nicht nur kurz schnuppern, sondern es eine halbe Stunde daneben grasen zu lassen.

Natürlich darf der führende Mensch bei einem kleinen Hüpfer seines Pferdes nicht selbst einen noch größeren Satz machen. Er muss dem Tier Sicherheit vermitteln, nach dem Motto: Wenn ich bei dir bin, brauchst du keine Angst zu haben.

2) Hat das Pferd konsequent gelernt, Druckimpulsen nachzugeben und sich damit in Form und Bewegung nach Belieben positionieren zu lassen, so kann der Mensch seinen Führungsanspruch auch in vermeintlich gefährlichen Situationen untermauern. Durch Stellen, Biegen und einen schönen Spannungsbogen im Vorwärts kann man die Aufmerksamkeit auf den Reiter lenken und vom „Gespenst" abwenden. Da sich Pferde in Angstsituationen meistens

Angstbewältigung | 125

verspannen, kann es erforderlich sein, die Intensität der Hilfen kurzfristig zu erhöhen.

3) Möchte das Pferd allen Führungsqualitäten des Menschen zum Trotz vom Weg springen, um einen großen Bogen um den „Säbelzahntiger" zu schlagen, reiten wir in 45° Abstellung abgewendet auf das Schrecknis zu und daran vorbei, und zwar so, wie wir es beim Schenkelweichen oder Schulterherein geübt haben. Wenn die nach außen gebogene (konvexe) Seite zur Bedrohung weist, ist kein frontaler Blickkontakt möglich und das schreckliche Ding ist nur noch halb so schlimm.

Ziel der Übung Wir wollen einen Kontrollverlust, der gerade im Gelände – auch für Außenstehende – gefährlichere Folgen haben kann als in der Bahn, unter allen Umständen vermeiden. Deshalb ist es ratsam, auf vertrautem Areal (z. B. auf der Koppel) die angesprochenen Gelassenheitselemente zur Desensibilisierung zu nutzen.

Hat man beim Gelassenheitstraining eine Person dabei, die schon Erfahrung gesammelt hat und deshalb mehr Ruhe

1. „Das sieht gefährlich aus!"
2. Hochgezogener Kopf und weggedrückter Rücken sagen: „Ich will abhauen!"
3. Der Reiter bleibt gelassen und meistert die Situation souverän.

in die Sache bringt, ist das nur von Vorteil. Üben Sie die Angstbewältigung ganz bewusst, um Ihre eigenen Möglichkeiten auszuloten, aber auch um das Selbstbewusstsein des Pferdes zu stärken.

Fairerweise möchte ich noch anmerken, dass es bei vielen Rassen, deren Zuchtziel mehr auf das Exterieur als auf das Interieur gerichtet ist, immer wieder Pferde gibt, die nur sehr schwierig zur Gelassenheit zu bringen sind.

Der Reiter lernt seine Leitposition einzunehmen, in der er eine bedeutendere Rolle spielt als das „Hindernis des Schreckens".

Die Traversale lenkt von äußeren Reizen ab.

Das Pferd lernt seinem Menschen mehr und mehr zu vertrauen.

Spanische Gelassenheit

Man darf nicht alles meiden, was dem Pferd Angst macht, denn dadurch zieht man sich in eine sehr begrenzte kleine Welt zurück.
Der bessere Weg besteht darin, unseren Partner alltagstauglich zu machen, indem man ihn den Reizeinflüssen aussetzt. Das Pferd soll angstmachende Dinge kennen lernen – daran riechen, sie hören, erleben – und so die Chance erhalten, zu entdecken, dass sie ungefährlich sind.

Immer wieder muss das Pferd stehen bleiben.

Beispiel Bei einem Lehrgang auf Gran Canaria ritt und unterrichtete ich einen schicken Hispano, der trotz täglicher Arbeit unausgeglichen war. Sein Schritt war kein Schreiten, sondern ein Zackeln, auf seinem gewohnten Trainingsplatz war er guckig und scheute regelmäßig vor den blauen Tonnen, die am Rand standen. An Geländereiten war nicht zu denken. Sobald er draußen andere Pferde oder Lebewesen entdeckte, drehte er durch und versetzte seine Reiterin in Angst und Schrecken. In solchen Situationen gerieten beide in Panik – nicht gerade die Basis für genussvolles Ausreiten, trotz herrlichem Gelände.

Das Üben hat sich gelohnt.

Die Lösung Zuerst sorgten wir durch reiterliche Verbesserungen für mehr Wohlbefinden des Pferdes und mehr Einflussnahme der Reiterin. Dabei lag der Schwerpunkt darin, dem Pferd durch taktmäßiges Vorwärts in Stellung und Biegung die Dehnungshaltung beizubringen. Danach ritten wir verschiedene Lektionen (Seitengänge, Übergänge, Halt und Rückwärts), um mehr Durchlässigkeit und eine höhere Akzeptanz des Positionierens zu erreichen. Parallel dazu holte ich die angstmachenden blauen Kunststofftonnen in die Bahn und baute eine Gasse aus ihnen. So hatte das Pferd keine Möglichkeit mehr, beim Durchlaufen rechts oder links auszubrechen.

Nachdem wir auf dem Trainingsplatz große Fortschritte in Sachen Gelassenheit gemacht hatten, war nun Geländetraining angesagt – mit dem Ziel, das (Selbst-)Vertrauen bei Reiterin und Pferd zu stärken, sodass sie letztlich allein genussvoll ausreiten könnten.

Ich forderte sie auf, ihre guten Reitkenntnisse und die erlernten Lektionen auch im Gelände anzuwenden und Vertrauen in die eigenen Fähigkeiten zu haben. (Sie war ja durch die schlechten Erfahrungen nahezu traumatisiert.) So zog unsere Miniherde aus Pferd, Reiterin und Trainer los, in Richtung Berge von Gran Canaria: ich auf Schusters Rappen, die Reiterin folgte auf ihrem Pferd.

Für den Hispano und seine Besitzerin war ich das Leittier, auch oder gerade an fremden Reitern oder sonstigen Ungeheuern vorbei. Doch unser Ziel war ja, allein ausreiten zu können, und meine Zeit auf der Insel war begrenzt. Nach etwa anderthalb Stunden kamen wir auf einer Höhenplattform an, und ich forderte die Reiterin auf, diese als ihren Reitplatz zu betrachten. Wir begannen im Trab die gleichen Dinge zu üben wie auf dem gewohnten Trainingsplatz. Dabei bestand die wichtigste Aufgabe darin, die Leitfunktion mehr und mehr vom Trainer auf die Reiterin zu übertragen. Das gelang uns in drei Tagen geduldiger, konsequenter Arbeit im Gelände, jeweils drei bis vier Stunden am Tag, wobei wir uns immer wieder kurzfristig trennten, sodass ich für das Pferd nicht mehr sichtbar war. Der Aufwand hat sich gelohnt: Reiterin und Pferd konnten nach meiner Abreise allein ins Gelände, und es war alles möglich, auch ein kontrollierter Galopp.

Mit diesem Beispiel möchte ich Sie ermutigen, Dinge, die dem Pferd Angst machen, nicht zu meiden, sondern sich mit dem Pferd systematisch damit auseinander zu setzen.

Ziel der Übung Eigentlich gibt es keinen besseren Gelassenheitstest als das Geländereiten, wobei das Pferd möglichst vielen Reizeinflüssen ausgesetzt

Am Anfang kommt der Reiz vom Boden aus, der Reiter hält das Pferd geschlossen.

wird. Für ängstliche Pferde und unsichere Reiter empfiehlt es sich, mit Gelassenheitsübungen in aller Ruhe an der Hand zu beginnen. Dabei können Planen, bunte Stangen, Plastiktonnen usw. sehr hilfreich sein. Mit zunehmender Gelassenheit im Gelände erweitern sich die Möglichkeiten, und Spaß und Sicherheit steigern sich enorm.

Der Reiter lernt zunehmend in die ihm zustehende Rolle als leitender Partner zu gelangen. Das Pferd kann seinem Menschen vertrauen und wird ihm gern folgen.

Das Pferd lernt seinem Menschen mehr zu vertrauen und sich nicht wegen jeder Kleinigkeit aufzuregen. Angstfrei, entspannt und losgelassen zu bleiben.

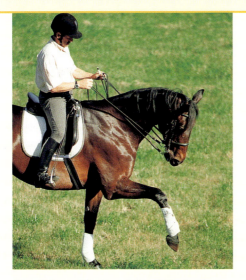

Das erfahrene Pferd reagiert auf Zügel und Schenkelhilfe mit Spanischem Schritt.

Spanischer Schritt

Der Spanische Schritt bringt die Schulter des Pferdes grundsätzlich stärker ins Spiel als die Hinterhand. Deshalb sollte man mit dem Üben vom Sattel aus so lange warten, bis die Übung an der Hand tadellos klappt und die Hinterhand ohne Probleme der Vorhand folgen kann: In keiner Phase der Bewegung bleibt die Hinterhand stehen; das Pferd darf nicht auseinander fallen.

Ist das Pferd so weit, mache ich den ersten Versuch unterm Sattel immer mit einem passiv sitzenden Reiter – der Impuls zum Schritt kommt nach wie vor vom Boden aus. Dabei geht es nur um die Gewöhnung und darum, zu beobachten, ob das Pferd in seiner Bewegung auch mit dem Reitergewicht geschlossen bleibt.

Im zweiten Trainingsschritt setze ich mich dann selbst in den Sattel oder lasse einen erfahrenen Reiter unter Beobachtung selbstständig üben. Da das Pferd den Spanischen Schritt unter dem Reiter bereits erfühlt hat, ist es in der Regel nicht schwierig, ihn – durch Touchieren an der Bugspitze in Verbindung mit gleichseitigem leichtem Zügelkontakt – vom Sattel aus auszulösen. Dies geschieht zunächst im Stehen, dann in ruhiger Vorwärtsbewegung.

In Etappen zum Ziel Zuerst fragt man einzelne Schritte ab, zum Beispiel alle fünf Meter einen Schritt, jeweils im Wechsel auf der einen und auf der anderen Seite.

Ein paar Übungseinheiten (Tage) später tastet man sich, analog zur Arbeit an der Hand, an die Polka heran. Ist diese nach einem längeren Zeitraum gefestigt, kann man auch mal vier bis fünf Schrittfolgen links und rechts hintereinander abfragen. Denn inzwischen hat der Reiter gelernt und erfühlt, wie er mit Sitz und einseitigem Zügel- und Schenkelimpuls den Spanischen Schritt unterstützen kann (anders ist eine Fußfolge links-rechts nicht möglich).

Dadurch kann man die touchierenden Gertenimpulse reduzieren, damit sie nur noch bei Bedarf als kleine Unterstützung zum Einsatz kommen.

Zirkuslektionen

Es würde den Rahmen dieses Buches sprengen, wollte ich hier im Einzelnen auf Zirkuslektionen eingehen. Dennoch möchte ich sie zur Förderung der Beziehung, zur Erhöhung des Spaßfaktors und zur erweiternden Gymnastizierung von Geist und Körper unbedingt empfehlen. Erfolgreiche Zirkusarbeit – nicht als Alternative zum Reiten, sondern als großartige Bereicherung verstanden – macht Pferde nicht nur intelligenter, sondern auch viel gelassener. Dem Menschen verschafft sie eine neue oder erweiterte Sicht auf sein Pferd und damit viel mehr Möglichkeiten. Reiter und Pferd können ja nur durch Aufgaben wachsen, die sie herausfordern.

Es gibt Dinge im Zirkus, die ganz einfach zu erarbeiten und völlig ungefährlich sind, wie zum Beispiel das Ja- und Neinsagen des Pferdes. Daneben gibt es Aufgaben, die von der Athletik her schwieriger sind und absolute Fachkompetenz erfordern, wie zum Beispiel das Steigen. Jeder kann sich vom großen Kuchen die Stücke auswählen, die ihm reizvoll erscheinen und denen er sich gewachsen fühlt. Die folgende Aufzählung erhebt keinen Anspruch auf Vollständigkeit: Kompliment, Knien, Ja/Nein, Ablegen

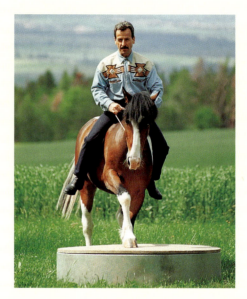

Das Podest ist eine tolle Herausforderung für die Körperbeherrschung von Mensch und Tier.

 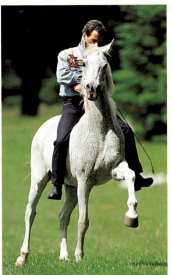 

Ohne Sattel und Trense im offenen Gelände: Da muss man sich seiner Sache sicher sein, auch im Spanischen Schritt und beim Steigen.

(verschiedene Varianten), Sitzen, Steigen, das große Spektrum der Freiheitsdressur, Apportieren, Ballspiele, das Podest mit all seinen Möglichkeiten und vieles mehr. Überlegen Sie, wer Ihnen hier – genau wie beim Reiten – systematisch und kompetent weiterhelfen kann.

Zirkuslektionen sind eine willkommene Abwechslung zum täglichen Reiten und lassen sich gezielt mit einigen Übungen aus der Bodenarbeit kombinieren. Sie machen Pferd und Reiter Spaß, und vielleicht können Sie Ihren Freunden und Verwandten mal den ein oder anderen Trick vorführen. Im Serviceteil finden Sie weiterführende Literatur, die Sie in die Zirkuslektionen einweist.

Die Wippe ist ein Balanceakt, die vom Pferd viel Vertrauen zu seinem Reiter fordert.

Klettern für die Kondition

Klettern ist die einfachste Übung, um das Pferd körperlich zu konditionieren. Das Bergaufreiten stellt hohe Anforderungen an die Schubleistung der Hinterhand und die Leistungsfähigkeit von Herz und Lunge. Es ist die einzige Möglichkeit, das Reitpferd mit vergrößertem Winkel der Hinterhand (nach hinten rausgestellt) Last aufnehmen zu lassen. Vergleichbares findet man sonst nur bei Zugpferden oder beim zirkusgemäßen Steigen.

Bergab sind besonders Rücken- und Bauchmuskulatur, Balance und Trittsicherheit des Pferdes gefordert. Die Winkelung der Hinterhand wird kleiner, der Rücken wölbt sich auf, ähnlich wie bei den versammelnden Lektionen.

Achtung: Die Balance ist beim Bergab viel störanfälliger, was deutlich spürbar wird, wenn das Pferd ins Rutschen gerät. Da Bergauf- und Bergabreiten eine enorme ganzheitliche Kraftanstrengung für das Pferd darstellt, darf es vom Reiter nicht gestört werden. Daher verbietet es sich für Reiter, die mit dem anpassungsfähigen Balancesitz noch Probleme haben. Mir persönlich ist es am wichtigsten, mit dem Pferd im Gleichgewicht zu sein und es mit Balance und mit den kruppenkontrollierenden Beinen zu führen beziehungsweise zu unterstützen – bergauf wie bergab.

Bergauf gehen wir – der Steigung entsprechend – in den Entlastungssitz, um nicht hinter die Bewegung oder aus dem gemeinsamen Gleichgewicht zu geraten. Die Zügel sind so lang, dass sie das Pferd in seiner Dehnfähigkeit nicht einschränken.

Bergab bleiben wir elastisch weich senkrecht in der Bewegung sitzen. Je steiler es wird, desto mehr schieben wir unser Gewicht zum Erhalt des Gleichgewichts der Hinterhand zu. Müssen wir uns abstützen, so tun wir das nicht im Steigbügel, sondern mit unseren Knien. Unsere Unterschenkel bleiben zur Kontrolle der Hinterhand am Pferdebauch.

Der Reiter darf beim Klettern keine Angst haben und muss sein Pferd gerade und in ruhigem Tempo halten können.

Klettern für die Kondition | 133

Ein gut an den Hilfen stehendes Pferd lässt sich auch im ruhigen Galopp bergab reiten.

Sicherheitsmaßnahmen Klettern Sie nur da, wo Sie sich mit der Wegführung und Bodenbeschaffenheit auskennen. Reiten Sie möglichst geradeaus hoch und runter. Wird das Pferd schräg bzw. diagonal, ist die Rutsch- und Sturzgefahr viel höher und es kann gefährlich werden. Bleiben Sie mit dem Pferd im Gleichgewicht, damit es seine Füße gezielt setzen kann. Ruhiges, kontrolliertes Tempo im Schritt ist am sichersten und baut die Muskulatur am besten auf.

Ziel der Übung Bergaufreiten ist eine einfache Methode, um Herz, Lunge und Bewegungsapparat zu kräftigen. Deshalb gehört es auch zum Trainingsplan von vielen Vielseitigkeits- und Distanzreitern. Der größte Vorteil liegt jedoch im Wechsel zwischen dem Schub bergauf und der Lastaufnahme bergab.

Das Pferd lernt sich am Hang auszubalancieren. Es trainiert seine Trittsicherheit.

Service

> **Zum Weiterlesen** 136
> **Nützliche Adressen** 137
> **Register** 138

Zum Weiterlesen

Bayley, Lesley: **Trainingsbuch Bodenarbeit**
Die Methoden und Übungen der besten Pferdeausbilder, Kosmos 2006
Alles Gute kommt vom Boden. Denn Bodenarbeit fördert das Körpergefühl, dient der Gymnastizierung und ist eine ideale Ergänzung zum Reiten. Hier sind die Methoden der bekanntesten Ausbilder erstmalig in einem Buch beschrieben.

Borelle/Braun: **Bea Borelles Zirkusschule**
Bühne frei für Pferde, Kosmos 2004
Von den grundlegenden Basisübungen bis hin zu den Klassikern und natürlich den einzigartigen Kunststücken von Pony Ben bietet diese Zirkusschule alles, was Pferdeherzen höher schlagen lässt und die Motivation zur Mitarbeit ungemein steigert.

Cummings, Peggy: **Connected Riding**
Besser reiten mit inneren Bildern, Kosmos 2005
Connected Riding verhilft dem Reiter zu einer inneren Beweglichkeit und äußeren Geschmeidigkeit, die ihn mit seinem Pferd in Kontakt bringen. Ziel ist ein ausbalancierter Reiter, der sich in einer neutralen Beckenposition befindet und so locker mit den Bewegungen des Pferdes mitgehen kann. Dies gelingt durch innere Bilder anstelle von technischen Reitanweisungen.

Frevert, Sylvia: **Entspannt reiten ohne Angst**
In 12 Wochen zu mehr Sicherheit und Selbstvertrauen, Kosmos 2006
Ein Buch für alle, die durch Angsterlebnisse beim Reiten verunsichert sind. Dieser Ratgeber nimmt den Leser an die Hand und hilft ihm, die Ursachen für seine persönliche Angst und die Motivation zum Reiten wieder zu finden. Das 12-Wochen-Programm setzt ausdrücklich beim Reiter und nicht beim Pferd an. Es führt den Angstreiter Schritt für Schritt aus seiner Handlungsunfähigkeit heraus zurück zum Reiten und zum Pferd.

Kreinberg, Peter: **Der Freizeitreiterkurs**
Grundausbildung für entspanntes Reiten, Kosmos 2005
Peter Kreinberg zeigt in seinem Buch die behutsame, konsequente und in logische Teilschritte gegliederte Ausbildungsmethode, die das Wesen und die Psyche des Pferdes stets in den Vordergrund stellt.

Meyners, Eckart: **Bewegungsgefühl und Reitersitz;** Reitfehler vermeiden – Sitzprobleme lösen, Kosmos 2005
Mit dem Praxishandbuch zur Meyners-Methode bekommt der Reiter flatternde Schenkel, hohe Absätze und unruhige Hände in den Griff. Das 6-Punkte Kurzprogramm für besseres Reiten und der mobile Stuhl „Balimo" werden auf Lehrgängen eingesetzt.

Schöffmann, Britta Dr.: **Lektionen richtig reiten;** Übungen von A-Z mit Olympiasiegerin Isabell Werth, Kosmos 2005
Von A wie Abwenden bis Z wie Zick-Zack-Traversale findet der Reiter in diesem Buch jede wichtige Lektion ausführlich erklärt. Er erfährt, wie die Übungen richtig geritten werden, welche Fehler man vermeiden sollte und mit welchen Hilfen die Lektionen Schritt für Schritt erarbeitet werden.

Simonds, Mary Ann: **Was Pferde wirklich brauchen;** Der Weg zu Ausgeglichenheit und Leistungsstärke, Kosmos 2006
Pferde brauchen viel Bewegung, ausreichend Platz und eine klare Führung – das ist bekannt. Doch welche Bedeutung konstante Freundschaften für Pferde haben, weil sie ihr Grundbedürfnis nach Sicherheit erfüllen? Eindrucksvoll beschreibt die bekannte Verhaltensforscherin Mary Ann Simonds, wie Pferde denken, lernen und ihre Umwelt wahrnehmen, und zeigt auf, dass die meisten Probleme vom Menschen selbst verursacht sind. Denn Pferde sind Meister der Kooperation – der Mensch muss sie nur verstehen!

Nützliche Adressen

Deutsche Reiterliche Vereinigung (FN)
Freiherr-von-Langen-Str. 13
D-48231 Warendorf
Tel.: 0049-(0)2581-6362-0
Fax: 0049-(0)2581-62144
www.fn-dokr.de

Vereinigung der Freizeitreiter und -fahrer/in
Deutschland (VFD)
Auf der Hohengrub 5
D-56355 Hunzel
Tel.: 0049-(0)6772-9630980
Fax: 0049-(0)6772-9630985
www.vfdnet.de

FS Reit-Zentrum Reken
Frankenstr. 37
D-48734 Reken
Tel.: 0049-(0)2864-2434
Fax: 0049-(0)2864-5860
www.fs-reitzentrum.de

Danksagung

Reiten aus Liebe und konsequent betrieben hat etwas Schöpferisches und Künstlerisches, egal auf welchem Niveau. Wenn wir durch Wissen, gestalterisch nach Harmonie und Leichtigkeit strebend, unsere Pferde in der Natur, wo sie zu Hause sind, formen können an Körper und Intellekt, kommen wir zu einem tiefen Gefühl der Erfüllung. Weil wir unsere schöpferischen Talente ausleben und Schönes schaffend unterwegs sind. Wir haben Anteil an der Schöpferkraft Gottes, die in jedem Pferd, in der Natur und in jedem Menschen steckt.

Mit diesem Buch möchte ich Sie ermutigen den für Sie und Ihr Pferd persönlich guten Weg zu gehen. Leben Sie Ihre Freude mit dem Pferd aus, lassen Sie andere Anteil haben, werden Sie schöpferisch.

Menschen, die sich nicht nur Freunde nennen, sondern auf die man sich auch immer verlassen kann, werten unser Leben auf. Und so möchte ich ganz besonders meiner Frau Karin sowie Martina, Susanne, und meinem Sohn Marco herzlich Danke sagen, dass sie mir immer wieder auf ganz praktische Weise den Rücken frei gemacht haben, um dieses Buch schreiben zu können.

Werner Jost

Register

Abfußen 92
Abstand 11, 93
Abstellung 69, 104
Aktives Hinterbein 110
Angst 11, 124
Anlehnung 50
Arbeitstrab 98
Aufsteigen 23, 80
Auge 18
Aussitzen 42

Balance 36, 47 ff., 116
Becken 39, 94
Beidhändigkeit 68, 84
Bergab 132
Bergauf 132
Beutetier 18
Bewegung 50
Biegung 62, 83, 85, 90
Bodenarbeit 56
Bodenrick 92
Bodenverhältnisse 14, 103

Cavaletti 92
Chaps 9
Chironsitz 42

Druck 59
Dehnung 37, 60, 83, 96
Demutsgeste 21
Dominanz 21
Drehsitz 40, 102
Durchgehen 11
Durchlässigkeit 35, 37, 50, 96, 101
Durchparieren 96

Einfacher Galoppwechsel 102, 122
Elastizität 50, 58, 98
Entlastungssitz 42, 93
Erholungssitz 53
Erster Ausritt 11
Erziehung 23, 56

Fleiß 113
Fliegender Galoppwechsel 118, 121
Fluchttier 18, 124
Form 36
Führen 62

Führposition 57, 62
Führtraining 56

Galopp 71, 111
Galopptraversale 118
Gamaschen 10
Gassenarbeit 88
Gebäude 25
Gebogene Linien 90
Gelassenheitstraining 125
Genickmobilisation 60
Geradheit 68
Gerte 58, 73
Geruchssinn 18
Gewichtshilfe 84
Gleichgewicht 34, 41
Grundsitz 38
Gruppenausritt 11
Gymnastizierung 31

Handwechsel 102
Hankenbeugung 98
Herde 18
Hierarchie 19
Hilfen 52
Hilfengebung 39
Hinlegen 77
Hinterbein 25, 37
Hinterhandwendung 114

Impuls 52
Individualdistanz 23, 63
Interieur 48

Kehrtvolte 116
Klettern 132
Kommunikation 20
Kondition 132
Körperbeherrschung 59
Körpersprache 20
Kruppeheraus 112
Kruppeherein 72, 110 f.
Kurzkehrt 114

Langer Zügel 53
Lebendiges Maul 60, 82
Leichter Sitz 42
Leichtigkeit 51, 58
Leichttraben 42, 91
Leitfunktion 56

Leittier 19 f.
Losgelassenheit 34, 97

Mittelhand 25
Mitteltrab 98
Muskelaufbau 92

Nachgiebigkeit 61, 84, 86
Nüster 18

Parade 94
Pferdesprache 21
Piaffe 74, 121

Rahmen 44
Rangordnung 19 ff.
Raumgriff 35, 98
Reitplakette 13
Reitstil 30
Reitverbot 12
Reiz 57
Reiz-Reaktions-Prinzip 53, 73
Renvers 72
Rhythmus 92
Rückwärtsrichten 64, 100

Sattel 10
Schaukel 66, 120
Schenkelgehorsam 108
Schenkelweichen 68, 104 ff., 112, 125
Scheuen 127
Schiefe 82
Schrittparade 103
Schrittpause 119
Schub 98
Schulterherein 67, 108, 112
Schwebephase 123
Schwung 98
Seitengänge 104, 112 ff.
Sicherheit 8, 19, 133
Sitz 38
Sozialkontakt 21
Spanischer Schritt 75, 129
Spannungsbogen 87
Springen 30
Stehen bleiben 66, 80

Stellen im Schritt 84
Stellung 61, 83, 85
Stimmung 24, 52
Symmetrie 51

Takt 34, 91
Takttraining 90
Tempokontrolle 43
Tempowechsel 99
Tragfähigkeit 26
Trainer 31
Travers 70, 110, 112
Traversale 117
Traversstellung 116
Tritte verlängern 98

Übergänge 95
Übertretenlassen 66
Umsitzen 91
Umspringen 123

Verhalten 18
Verhalten in der Natur 12
Versammlung 36, 75, 103, 121
Verspannung 27
Vertrauen 124
Viereck verkleinern und vergrößern 106
Volte 100
Vorwärts-abwärts 60
Vorwärtsdrang 34

Wald 13
Weichen 57
Westernreiten 30
Wiese 13
Winkelung der Beine 118
Wirbelsäule 25
Wohlbefinden 19, 96

Zielreiten 90
Zirkel 112
Zirkelbegrenzung 46
Zirkuslektionen 130
Zügel aus der Hand kauen lassen 96
Zügelführung 110

Bildnachweis

Farbfotos von Klaus-Jürgen Guni/Kosmos (1; S. 31), Werner Jost (3; S. 126 beide, 127), Lothar Lenz/Kosmos (1; S. 97), Julia Rau/Kosmos (9; S. 98 beide, 99, 103 beide, 122 beide, 123 beide) und Christof Salata/Kosmos (7; S. 62, 88 o., 92, 93, 102, 132 beide).
Alle weiteren 133 Farbfotos wurden von Horst Streitferdt/Kosmos für dieses Buch aufgenommen.

4 Farbzeichnungen von Cornelia Koller (S. 37, 40, 46, 69).

Impressum

Umschlag von eStudio Calamar unter Verwendung von drei Farbfotos von Horst Streitferdt/Kosmos

Mit 160 Farbfotos und 4 Farbillustrationen.

Bibliografische Information Der Deutschen Bibliothek
Die Deutsche Bibliothek verzeichnet diese Publikation in der Deutschen Nationalbibliografie;
detaillierte bibliografische Daten sind im Internet über http://dnb.ddb.de abrufbar.

Gedruckt auf chlorfrei gebleichtem Papier

© 2006, Franckh-Kosmos Verlags-GmbH & Co. KG, Stuttgart
Alle Rechte vorbehalten
ISBN 13: 978-3-440-10230-5
ISBN 10: 3-440-10230-0
Projektleitung: Katja Pauls
Redaktion: Alice Rieger
Produktion: Kirsten Raue, Claudia Kupferer
Printed in the Czech Republic / Imprimé en République tchèque

Alle Angaben und Methoden in diesem Buch sind sorgfältig erwogen und geprüft. Sorgfalt bei der Umsetzung ist indes dennoch geboten. Verlag und Autor übernehmen keinerlei Haftung für Personen-, Sach- oder Vermögensschäden, die im Zusammenhang mit der Anwendung und Umsetzung entstehen könnten.

Informationen senden wir Ihnen gerne zu

Bücher · Kalender
Experimentierkästen · Kinder- und Erwachsenenspiele
Natur · Garten · Essen & Trinken
Astronomie · Hunde & Heimtiere
Pferde & Reiten · Tauchen
Angeln & Jagd · Golf
Eisenbahn & Nutzfahrzeuge
Kinderbücher

KOSMOS

Postfach 10 60 11
D-70049 Stuttgart
TELEFON +49 (0)711-2191-0
FAX +49 (0)711-2191-422
WEB www.kosmos.de
E-MAIL info@kosmos.de

KOSMOS

Entspannt
und sicher reiten

Sylvia Frevert
Entspannt reiten ohne Angst
160 Seiten, ca. 180 Abbildungen
€/D 19,95; €/A 20,60; sFr 33,70
Preisänderung vorbehalten
ISBN 978-3-440-10231-2

In jedem Reiterleben gibt es Angstsituationen, die den Spaß am Reiten schmälern. Dieses Buch ist eine kreative Anleitung zur Selbsthilfe: Sie lernen Schritt für Schritt Ihre persönlichen Ängste zu bewältigen und bekommen neues Vertrauen zum Pferd.

www.kosmos.de